Nostradamus e o Terceiro Anticristo

Mario Reading

Nostradamus e o Terceiro Anticristo

NAPOLEÃO, HITLER E AQUELE QUE AINDA ESTÁ POR VIR

Tradução
GILSON CÉSAR CARDOSO DE SOUSA

**Editora
Pensamento**
SÃO PAULO

Título do original: *Nostradamus & the Third Antichrist*.

Copyright © 2011 Mario Reading.

Copyright da edição brasileira © 2012 Editora Pensamento-Cultrix Ltda.

Publicado originalmente por Watkins Publishing, Sixth Floor Castle House, 75-76 Wells Street, London WIT 3QH.

Texto de acordo com as novas regras ortográficas da língua portuguesa.

1ª edição 2012.

Todos os direitos reservados. Nenhuma parte desta obra pode ser reproduzida ou usada de qualquer forma ou por qualquer meio, eletrônico ou mecânico, inclusive fotocópias, gravações ou sistema de armazenamento em banco de dados, sem permissão por escrito, exceto nos casos de trechos curtos citados em resenhas críticas ou artigos de revistas.

A Editora Pensamento não se responsabiliza por eventuais mudanças ocorridas nos endereços convencionais ou eletrônicos citados neste livro.

Coordenação editorial: Denise de C. Rocha Delela e Rosel de S. Ferraz
Preparação de originais: Maria Sylvia Correa
Consultoria técnica: Adilson Silva Ramachandra
Revisão: Yociko Oikawa
Diagramação: Join Bureau

Dados Internacionais de Catalogação na Publicação (CIP)
(Câmara Brasileira do Livro, SP, Brasil)

Reading, Mario
    Nostradamus e o terceiro anticristo : Napoleão, Hitler e aquele que ainda está por vir / Mario Reading. – São Paulo: Pensamento, 2012.

    Título original: Nostradamus & third antichrist.
    Bibliografia
    ISBN 978-85-315-1788-4

    1. Anticristo 2. Nostradamus, 1503-1566 – Profecias I. Título.

12-04002   CDD-133.3092

Índices para catálogo sistemático:

1. Nostradamus : Anticristo : Profecias :
Ocultismo   133 3092

Direitos de tradução para o Brasil
adquiridos com exclusividade pela
EDITORA PENSAMENTO-CULTRIX LTDA.
Rua Dr. Mário Vicente, 368 — 04270-000 — São Paulo, SP
Fone: (11) 2066-9000 — Fax: (11) 2066-9008
E-mail: atendimento@editorapensamento.com.br
http://www.editorapensamento.com.br
que se reserva a propriedade literária desta tradução.
Foi feito o depósito legal.

DE *BARTHOLOMEW FAIR* (1614), DE BEN JONSON

Zeal-of-the-land Busy [um puritano hipócrita]: "Não olhe para eles, não lhes dê ouvidos: isto aqui é Smithfield, o Campo dos Smiths, o Bosque dos Cavalinhos de Pau e das Bugigangas; os artigos à venda são os artigos do diabo. A feira toda é a Loja de Satã! Anzóis e iscas, muitas iscas, estão por todos os lados a fim de fisgá-lo e segurá-lo, digamos assim, pelas guelras e narinas, como fazem os pescadores. Portanto, não olhe nem se volte para eles. O pagão pode tapar os ouvidos com cera contra a Prostituta do Mar. Faça o mesmo com os dedos contra os Sinos da Besta".

ATO III, CENA II

*Lanthorn Leatherhead [um Inigo Jones hábil e ridicularizado que produzia efeitos cênicos para algumas das *Máscaras* de Jonson]*: "Que é um tambor, cavalheiro?"

Busy: "O ventre frouxo da Besta. Teus foles são seus pulmões, estes tubos são sua garganta, aquelas penas são sua cauda, teus guizos são seus dentes que rangem".

ATO III, CENA VI

Ele me disse: "John, John, por que duvida, de que tem medo? Esta imagem não lhe é inteiramente desconhecida, é? Portanto, nada receie porque estou ao seu lado o tempo todo. Sou o Pai, sou a Mãe, sou o Filho. Sou o Imaculado, o Incorruptível. Vim lhe ensinar o que é, o que foi e o que será, para que conheça as coisas reveladas e não reveladas, bem como as relativas à raça intrépida do Homem perfeito. Portanto, levante a cabeça para ouvir as lições que agora vou lhe ministrar, as quais transmitirá a seus espíritos afins, pertencentes à raça intrépida do Homem perfeito".

Dos *Livros Apócrifos de João* (encontrados em Nag Hammadi em 1945 e traduzidos para o inglês por Frederik Wisse).

**Para meu irmão, Rainer Rummel,
e minha avó, Else Priester.**

SUMÁRIO

Agradecimentos 11

Introdução 13
Preâmbulo biográfico 16
Nota biográfica 18

O conceito de Anticristo 35
Os Anticristos de Nostradamus 50

PARTE I

O primeiro Anticristo: Napoleão Bonaparte 57
Mapa astral de Napoleão Bonaparte 60
Tábua planetária 60
Aspectos planetários 61
Resumo astrológico e numerológico 62
Primeiro calendário de Nostradamus para
o Anticristo Napoleão 64
As quadras napoleônicas 69

– 9 –

PARTE II

O segundo Anticristo: Adolf Hitler ... 167
Mapa astral de Adolf Hitler ... 171
Tábua planetária ... 171
Aspectos planetários ... 172
Resumo astrológico e numerológico ... 173
Segundo calendário de Nostradamus para o Anticristo Hitler ... 175
As quadras de Hitler ... 179

PARTE III

O terceiro Anticristo: "Aquele Que Ainda Está Por Vir" ... 249
As quadras concatenadas do "Terceiro Anticristo"
de Nostradamus ... 251
Mapa astrológico do Terceiro Anticristo ... 264
Mapa astral do Terceiro Anticristo ... 266
Tábua planetária ... 266
Aspectos planetários ... 267
Resumo astrológico ... 268
Calendário do Terceiro Anticristo ... 271
As quadras do Terceiro Anticristo ... 277

Resumo final ... 355

Bibliografia selecionada ... 359

AGRADECIMENTOS

Como tenho feito nos últimos anos, gostaria de agradecer a várias pessoas que colaboraram na jornada deste livro do rascunho à impressão. Essa é, sem dúvida, a única maneira que encontro de evitar a armadilha tão sucintamente descrita por Luc de Clapiers, marquês de Vauvenargues, que escreveu: *C'est un grand signe de mediocrité, de louer toujours modérément* ("É sinal inequívoco de mediocridade sempre louvar com moderação"). Os agradecimentos vão primeiro para meu amigo e editor de longa data, Michael Mann, a quem parece destinar-se o seguinte axioma de Vauvenargues (axioma que, devo acrescentar, seu destinatário idealista segue ao pé da letra): *Apprenons à subordonner les petits intérêts aux grands, et faisons généreusement tout le bien qui tente nos cœurs; on ne peut être dupe d'aucune vertu* ("Aprendamos a subordinar os pequenos interesses aos grandes e sejamos generosos fazendo todo o bem que nosso coração recomenda; ninguém é logrado por agir virtuosamente"). A Shelagh Boyd, amigo e revisor de longa data, *a chaque saint son cierge* ("a cada santo, sua vela", isto é, "honra quem deve ser honrado"). A meu amigo e agente, Oliver Munson, perfeitamente descrito pela frase arguta de Voltaire: *C'est par le caractère, et non par l'esprit, que l'on fait fortune* ("É pelo caráter, não pelo espírito, que o homem enriquece"). Finalmente, a Claudia, esposa, amiga e confidente, a quem Sainte-Foix descreveu em detalhe nas palavras seguintes: *La femme a un sourire pour toutes les joies, une larme pour toutes les douleurs, une consolation pour toutes les misères, une excuse pour toutes les fautes, une prière pour toutes les infortunes, un encouragement pour toutes les espérances* ("A mulher tem um sorriso para cada alegria, uma lágrima para cada sofrimento, um consolo para cada desgraça, uma desculpa para cada erro, uma prece para cada infortúnio, um encorajamento para cada esperança").

INTRODUÇÃO

Esta é a primeira vez, na história das publicações, que aparecem reunidas num só livro todas as quadras de Nostradamus relacionadas exclusivamente às pessoas por ele consideradas como os três Anticristos: Napoleão Bonaparte, Adolf Hitler e "Aquele Que Ainda Está Por Vir". O motivo que nos levou a publicá-las é bem simples: uma série de perguntas do tipo "e se...".

Por exemplo, e se todas as informações existentes sobre os Anticristos, reveladas pelos códigos do índice cronológico decifrados nos três livros em que anteriormente tratei de Nostradamus, fossem reunidas e apresentadas aos meus leitores? O que poderiam eles aprender com isso? O que revelariam todas as quadras dos Anticristos – vistas *in toto* e, mais importante ainda, fora de seu contexto usual? Não seria esse o método de escolha para as pessoas elaborarem sua própria concepção sobre a visão que Nostradamus tinha do apocalipse iminente, em vez de seguirem as pré-digeridas, promulgadas por uma multidão de escatologistas nem sempre inteiramente desinteressados e nas quais o excesso de conjecturas desencontradas quase sempre põe de parte tudo o que se pode considerar senso comum? A resposta era óbvia. Mas pressupunha, por sua vez, diversas perguntas importantes.

Para Nostradamus, o mundo no qual vivemos estava irremediavelmente fadado à destruição? Acreditava ele, como esse grande romancista do pós-apocalipse, Cormac McCarthy, que:

> "... não existe vida sem derramamento de sangue. A noção de que a espécie evolui de uma maneira ou de outra, de que todos ainda viverão em harmonia, é perigosa. As pessoas que cultivam essa ideia são as primeiras a renunciar à sua alma, à sua liberdade. O desejo de que as coisas sejam assim nos escraviza e torna nossas existências vazias"?

Ou supunha que a humanidade é capaz de aprender com seus erros históricos e corrigi-los antes que conduzam ao apocalipse? E por que Nostradamus fala em três Anticristos e não apenas em um, como a Revelação parece sugerir? O advento profetizado do terceiro e último Anticristo significará o Armagedom e o Final dos Tempos ou apenas uma Grande Mudança – algo mais ou menos na linha do que os maias previram para 21 de dezembro de 2012, quando o Calendário de Longa Duração e o Ciclo dos Nove Infernos se completarão quase ao mesmo tempo?

Minha primeira impressão era, e ainda é, que a resposta está contida nas quadras: só precisamos juntá-las e fazer as indagações certas. Sir Galaaz – a encarnação cavalheiresca de Jesus nas lendas arturianas – seguiu um caminho parecido quando compreendeu que a pergunta capaz de desvendar os segredos do Santo Graal não era "O que és tu?", bastante superficial, mas "Como posso te servir?", infinitamente mais profunda. Em outras palavras, a fé é o pré-requisito, não a curiosidade.

Só por si, o processo de escolha já era interessante. O primeiro critério foi simplesmente averiguar, em meu próprio livro *The Complete Prophecies of Nostradamus* (Watkins, 2009), sobre quais personagens históricos ele escreveu mais. Eram personagens perversos ou benevolentes? Melhoravam o mundo com sua presença ou desgraçavam-no? A lista que elaborei me pareceu fascinante, com perpetradores do mal, da destruição e da má-fé ocupando os três primeiros lugares.

De longe, o mais citado por Nostradamus foi Napoleão Bonaparte, com 47 quadras em seu nome – ou seja, 5% do total de 942 quadras. Um número incrível, sem dúvida, dado que Nostradamus escreveu 250 anos antes dos eventos revolucionários que nos apresenta com impressionante exatidão.

O segundo foi Adolf Hitler, mencionado em trinta quadras. Nostradamus escreveu 380 anos antes da aparentemente inexorável subida ao poder de Hitler, o que faz da exatidão factual e do tirocínio histórico concentrados nessas quadras uma façanha ainda mais notável.

O total de Adolf Hitler é seguido de perto pelo da personificação do Terceiro Anticristo de Nostradamus – a misteriosa e anônima figura que chamaremos de "Aquele Que Ainda Está Por Vir", a quem é dedicado o número extraordinário de 36 quadras. Dessa vez, o vidente falava de acontecimentos que ocorreriam mais de seiscentos anos após sua morte, estendendo assim, ao máximo, o limite de setecentos que parece ter imposto a si mesmo.

Portanto, aos três Anticristos de Nostradamus foram reservadas mais de cem quadras do total de 942 que ele publicou – preponderância das mais significativas, não há dúvida.

Postas ao lado das cem quadras do Anticristo, as cinco ou pouco mais dedicadas individualmente a Henrique II, Henrique IV, Filipe II, Carlos I, Maria de Médicis, Luís XIII, Luís XIV, cardeal de Richelieu e Benito Mussolini, *inter alia*, parecem-nos insignificantes. Sim, ele dá muita atenção, em diversas quadras, às Guerras de Religião na França, à Heresia Luterana e ao Império Otomano, mas são quadras generalizadas que não aludem a um Anticristo específico. Fazem parte do vasto panorama histórico que, segundo parece, Nostradamus tinha bem diante dos olhos, nada mais.

Mas aqui, três figuras históricas específicas é que concentram toda a nossa atenção. Nos capítulos "O Conceito de Anticristo" e "Os Anticristos de Nostradamus", procuro explicar por quê. Além disso, traço a linha do tempo de cada um dos três Anticristos de Nostradamus e encerro com uma Conclusão onde resumo tudo o que descobri.

Ao final dessa sequência, os leitores sentirão sem dúvida que a jornada empreendida valeu a pena e que sua compreensão do processo de Nostradamus foi ao mesmo tempo enriquecida.

Preâmbulo biográfico

É por natureza absurda a ideia de que um historiador ou biógrafo está "certo" ao criar mais um mito convincente e interessante para substituir ou alterar um mito anterior. Poucas pessoas conseguem descrever com exatidão o dia de ontem – que dizer então de décadas, se não séculos, antes de sua própria época? Não, o que historiadores e biógrafos nos oferecem é apenas uma opinião mais ou menos bem fundamentada, porém amplamente subjetiva dependendo do material às vezes escasso que lhes foi deixado, fruto de acasos históricos, e ao qual eles inevitavelmente atribuem – pois nisso têm grande interesse – um valor excessivo.

Na história, os vencedores em geral escondem o que não lhes convém ou manipulam a verdade para acomodá-la à medida de suas ambições, enquanto os derrotados se lamentam ou são totalmente apagados dos relatos (o mitraísmo é apenas um dos exemplos óbvios) – e isso, afinal de contas, faz parte da natureza humana. Quando sobrevivem aos que, em sua opinião, os prejudicaram (ou ao seu grupo), os perdedores quase sempre reescrevem a história para alimentar sentimentos de ultraje e desespero – e isso também faz parte da natureza humana. Portanto, toda história é ficção disfarçada de fato e representa, no máximo, a visão mais próxima que o historiador tem da verdade. É exatamente por isso que narrativas apócrifas, boatos e escândalos são potencialmente quase tão relevantes para a história quanto os fatos (supostamente) nus, os documentos oficiais (duvidosos) e os comentários contemporâneos (nem de leve contaminados, é claro, pela vanglória e a fanfarronice!).

Travaram-se verdadeiras guerras em torno de questões ainda menores que os detalhes da pretensa biografia de Nostradamus. Eruditos declararam que só eles conheciam a verdadeira história do século XVI tardio e seus descendentes continuam fazendo o mesmo hoje (com igual impunidade). Mas tão pouca coisa se sabe realmente da vida de Nostradamus que algumas das histórias mais apócrifas, fabricadas não raro um século ou mais depois de sua morte, tornaram-se indicadores importantes por si mesmas. Importantes, não para a "vida real" (pois ninguém é capaz de deduzi-la da massa de falsificações, fraudes e rumores que impregnam boa parte dos estudos sobre Nostradamus), mas para a vida que ele deveria ter vivido, porquanto não se pode negar a realidade de sua influência.

Seja como for, damos aqui uma curta nota biográfica que não tem pretensão à verdade absoluta (e qual poderia ter?), mas apenas tenta colocar fatos sugeridos, controvertidos e reconhecidos numa ordem coerente, embora inevitavelmente falha.

NOTA BIOGRÁFICA

A França *profonde* da Idade Média onde nasceu Michel de Nostredame (1503-1566) abrangia uma multiplicidade de diferentes seitas, tribos e comunidades sem nenhum governo central digno desse nome. Muitos aldeões dos Pireneus ou dos confins da Provença, por exemplo, nunca tinham ouvido falar de Paris nem entenderiam o francês parisiense se o ouvissem. Feições, costumes e mesmo a língua variavam enormemente conforme o contorno dos vales onde as pessoas viviam.

Comunidades isoladas sofriam os efeitos das ondas de choque enviadas por enclaves, feudos minúsculos e centros de clãs longínquos, com o alcance dos toques de sinos delimitando os territórios tribais. Afora isso havia diversificações étnicas que remontavam à pré-história – uma confusão que predominou até meados do século XIX e cujos ecos moribundos ainda hoje se podem ouvir.

Poucos franceses haviam visto um mapa de seu país. E um número ainda menor conhecia a história da França como um processo definível e contínuo. Noventa e oito por cento da população era considerada católica, mas com acentuadas variações na prática religiosa. Os padres locais competiam pelos corações e mentes de sua paróquia com charlatães, feiticeiras, curadores, farsantes e adivinhos. Antes da Revolução Francesa (1789-1799), a palavra "França" era usada apenas para descrever a área de Paris e arredores. Na Provença, uma pessoa natural do Norte podia ser chamada de *franciot* ou *franchiman*; e o provençal Nostradamus, que falava o franco-provençal, com muita probabilidade cresceu alimentando uma desconfiança quase atávica em relação ao governo real e suas motivações. Isso se devia, em grande parte, a uma bifurcação linguística e cultural que só foi estudada a fundo pelo abade Henri Grégoire na época do Reinado do Terror (1793-1794).

Nostradamus, convém lembrar, era um católico dedicado e ortodoxo – mas também um judeu de raça, portanto sujeito ao ostracismo. Hoje, isso pode parecer paradoxal, mas não era encarado assim na França do século XVI, devotada a Deus (sob a forma da Inquisição) e a Mamon (sob a forma de pilhagem da propriedade alheia para conveniência do clero). Durante trinta anos, no reinado do bom rei Renato, os judeus da Provença tiveram licença para praticar livremente sua religião, mas isso mudou com a morte do monarca em 1480, data que infelizmente coincide com o início da Inquisição espanhola.

Por ocasião do nascimento de Nostradamus, em 1503, muitos judeus proeminentes haviam se convertido, por prudência, a uma forma pragmática de catolicismo graças aos éditos de Carlos VIII, em 1488, e de Luís XII, em 1501. Isso não impedia a Coroa francesa de, vez por outra, roubar suas propriedades, mas garantia-lhes certo grau de proteção num país que subitamente mergulhara na intolerância religiosa e na paranoia. Assim, o menino Michel de Nostredame permaneceu incircunciso (a pena para isso, segundo a lei levítica, era a expulsão da congregação de Israel) e foi batizado de acordo com o rito cristão, mantendo embora, graças a seu bisavô materno, Jean de Saint-Rémy, um vínculo estreito com a tradição judaica, a *Schalscheleth Ha-Kabbalah*, o que lhe seria extremamente vantajoso em seu papel posterior de adivinho e vidente.

Como resultado de sua educação, Nostradamus provavelmente se interessou por magia e sem dúvida por misticismo e cabala, que resume a busca judaica de uma sabedoria nova operando uma síntese criativa entre as mitologias do antigo Egito e da Grécia, a astrologia assíria, a magia babilônica, a divinação árabe, a filosofia platônica e o gnosticismo. (Gershom Scholem, em seu *Major Trends in Jewish Mysticism*, escreve: "Pode-se tomar por certo que... textos antigos, com passagens gnósticas redigidas em hebraico, abriram caminho do Oriente até a Provença... tornando-se uma das principais influências que moldaram a teosofia dos cabalistas do século XIII".)

A natureza secreta e mística da cabala, portanto, teria propiciado uma válvula de escape muito necessária a dura realidade da vida judaica na Europa dominada pela Inquisição e uma panaceia igualmente necessária às conversões forçadas que se seguiram à morte de Renato. Por mero acaso, a cidade natal de Nostradamus, Saint-Rémy, era o lugar perfeito para estudar a cabala, pois a Provença era em geral reconhecida como a sede da comunidade cabalística mais antiga da França. Paradoxalmente talvez, Nostradamus, além de cabalista, alquimista e talmudista, foi também um adepto fervoroso da doutrina católica durante toda a sua vida. Com certeza, não teria sido aceito na Universidade de Avinhão (que na época não fazia parte da França) se não fosse sincero em suas declarações e não repudiasse a quase onipresente heresia luterana. Mais tarde se matriculou, também sem problemas, na venerável Universidade de Montpellier (fundada em 1220) a fim de estudar medicina – ótima escolha, pois Montpellier possuía indiscutivelmente a melhor faculdade de medicina da época.

Em 3 de outubro de 1529, foi expulso da universidade sob alegação de que exercia as funções de farmacêutico, então consideradas criminosas, mas felizmente acabou readmitido em 23 de outubro do mesmo ano. E em seguida a um exame conduzido à maneira medieval, sob a forma de debate entre o aluno e o corpo docente, e não apenas de prova escrita, Nostradamus se empenhou a fundo no combate a uma epidemia.

Ao peso da usual parafernália usada pelos profissionais de saúde durante essas crises (o médico irlandês Neil O'Glacan [1590-1655], em seu *Tractatus de Peste*, Toulouse, 1629, informa que os médicos vestiam longas túnicas de couro manchadas de incontáveis pós coloridos, luvas, máscaras de couro com proteção de vidro para os olhos e um acessório contendo uma esponja impregnada de fumigatórios para o nariz), Nostradamus enveredou por um território inteiramente novo com sua invenção de um remédio purificador (a "pílula rosa") que, somos levados a acreditar, inspirou nos pacientes uma confiança absolutamente atípica. Como resultado direto dessa experiência, Nostradamus se tornou uma espécie de autoridade no combate à peste, talento posto dolorosamente à prova quando a epidemia voltou na época em que ele clinicava em Agen, matando sua esposa e seus dois filhos. Então,

Nostradamus não apenas sofreu a crítica usual do "Médico, cura-te a ti mesmo" como também foi processado pela família indignada da esposa, que lhe exigiu a devolução do dote.

Traumatizado com a perda, Nostradamus saiu pelo mundo e percorreu a França, a Itália e a Sicília antes de se estabelecer por fim em Salon de Provence. Ali, aos 44 anos de idade, conheceu uma viúva, Anne Ponsarde Gemelle (*gemellus* significa "gêmeo" em latim), com quem se casou em 11 de novembro de 1547. Instalaram-se numa casa da rua Ferreiraux (hoje conhecida como rua de Nostradamus), mas ele continuou a viajar, já que por essa época era muito requisitado principalmente por seus famosos remédios.

Foi durante esse período que, graças a inúmeros contatos com farmacêuticos, médicos e mágicos, começou a suspeitar que tinha o dom da profecia e da segunda visão. Não era o único. Sob o reinado dos treze reis Valois, estima-se que houve mais de 30 mil astrólogos, feiticeiros, alquimistas e profetas praticando só em Paris – e conta muito para o crédito de Nostradamus e sua arte o fato de ter ascendido, inexoravelmente, ao topo dessa árvore imensa.

Três anos após a publicação de seu *Traité des Fardemens*, em 1552 (um manual *à la mode* sobre unguentos, geleias e compotas de todos os tipos), Nostradamus publicou – mais como experiência, diga-se de passagem – a primeira edição das famosas *Centuries* (1555), temendo embora, segundo seu discípulo Jean Aymes de Chavigny, tanto o castigo quanto a zombaria. As 353 quadras, para surpresa geral (inclusive do próprio Nostradamus), foram um sucesso. Chamado a Paris pela esposa de Henrique II, Catarina de Médicis, menos de um ano após a publicação, Nostradamus voltou a Salon como um homem rico, depois de descobrir a duras penas que a prática privada (a leitura de horóscopos pessoais e o tratamento dos males dos cortesãos) era consideravelmente mais lucrativa e menos precária que a ambição de fama. No entanto, Nostradamus continuou a aconselhar a rainha, tanto mais que ela até certo ponto o protegia das autoridades religiosas, dispostas a persegui-lo por blasfêmia, e com seu favor real lhe proporcionava um crédito bem-vindo e a promessa de uma renda fixa.

A carreira de Nostradamus realmente tomou impulso graças a uma série de quadras extraordinárias onde previu a morte acidental, num torneio, do rei Henrique II da França. Essas cinco quadras impressionantes em exatidão firmaram a reputação de Nostradamus com Catarina de Médicis e asseguraram-lhe, pelo resto da vida, um fluxo ininterrupto de dinheiro pago por clientes entusiasmados.

Num gesto raro, mas prudente de discrição, Nostradamus disfarçou a verdadeira data da morte do rei, sabendo que o regicídio – ou mesmo sua suspeita – implicava uma sequência exemplar e dolorosa de torturas em público. O fato de os temores de Nostradamus pela vida do rei terem sido secundados por Luca Gaurico, o astrólogo da corte, deram-lhe ainda mais credibilidade. E a circunstância de a profecia convir aos interesses da rainha, ansiosa por impedir o marido de tomar certas decisões que ela achava impróprias, apenas serviu para lhe tornar Nostradamus ainda mais caro.

A sequência completa das cinco quadras é dada logo abaixo, pois, a meu ver, elas ilustram bem a extraordinária capacidade cognitiva de Nostradamus e podem até certo ponto convencer o leitor de que as quadras posteriores, sobre o Anticristo, também foram escritas com a mesma boa-fé.

Morte do rei Henrique II da França – I

10 de julho de 1559
Data do índice de Nostradamus: 35
Número da centúria: 1

Le lion jeune le vieux surmontera,
En champ bellique par singulier duelle:
Dans caige d'or les yeux lui crevera,
Deux classes une, puis mourir, mort cruelle.

O leão jovem superará o velho
Em combate singular no campo de luta
Seus olhos se romperão no elmo de ouro
Duas feridas em uma, seguidas por morte cruel.

PREDIÇÃO

Publicada três anos antes da fatalidade que prediz, essa é a quadra famosa onde vem descrita pormenorizadamente a morte, num torneio, do rei Henrique II da França. Apesar das repetidas advertências de Nostradamus, da rainha e de seu astrólogo italiano, Luca Gaurico, o vigoroso monarca de 41 anos insistiu em participar do torneio de três dias organizado para comemorar o casamento duplo de sua irmã Margarida com o duque de Saboia e de sua filha mais velha Isabel com o rei Filipe II da Espanha, conforme se combinara pelo tratado de Cateau-Cambrésis.

Entusiasmado com o sucesso que obtivera nos dois primeiros dias do torneio, Henrique desafiou Gabriel de Lorges, conde de Montgomery e capitão de sua Guarda Escocesa, a um combate singular no terceiro e último dia da competição. Os dois quebraram lanças no primeiro choque, mas o rei não ficou satisfeito e exigiu um novo confronto. Montgomery hesitou; Henrique, porém, fez valer seus direitos de combatente, apesar das súplicas da esposa. O torneio prosseguiu. No último instante, pressentindo o desastre, Montgomery, de 35 anos, tentou se desviar, mas a ponta de sua lança se despedaçou contra o elmo e penetrou na viseira do rei, perfurando-lhe o olho e a têmpora direita.

A despeito do pronto tratamento ministrado pelo mestre-cirurgião Ambrósio Paré e pelo grande anatomista de Filipe II, André Vesálio, Henrique logo começou a sucumbir ao trauma e à infecção cerebral. Na ânsia de encontrar um remédio para o ferimento do marido, a rainha, Catarina de Médicis, ordenou que quatro criminosos fossem decapitados a fim de que, introduzindo varetas no olho direito deles, "no ângulo apropriado", os médicos determinassem corretamente a extensão do ferimento do rei. Mas o trauma cerebral agora deixara o olho esquerdo de Henrique grotescamente inchado, o que confirmava mais ainda a predição original de Nostradamus. Quatro dias após o torneio, e apesar de todos os esforços de seus médicos e esposa, o rei contraiu febre alta, seguida pela paralisia do lado direito e fortes convulsões. Morreu de morte dolorosa seis dias depois, em 10 de julho de 1559. Foi sepultado na basílica de Saint-Denis e sua morte prematura sem dúvida alterou o curso da história da França e da Europa.

O abatido Montgomery, perdoado pelo rei em seu leito de morte, sucumbiu ao ódio da rainha viúva quinze anos após a morte de Henrique. Também isso fora predito por Nostradamus na quadra 3/30:1530-74. Gabriel de Montgomery, senhor de Lorges (ver meu *The Complete Prophecies of Nostradamus*), protestante tardiamente convertido e sobrevivente do massacre dos huguenotes, foi conduzido sob escolta armada para a prisão da Conciergerie e finalmente executado.

Resumo

Não dando ouvidos às repetidas advertências de Nostradamus de que morreria em combate singular, o valente rei Henrique II é mortalmente ferido durante um torneio para comemorar o duplo casamento de sua filha e de sua irmã, nos termos do tratado de Cateau-Cambrésis. A morte de Henrique foi uma boa notícia para a Espanha, Inglaterra, Itália e Áustria, mas principalmente para Nostradamus, que assim garantiu a fama de adivinho.

Morte do rei Henrique II da França – II

Data do índice de Nostradamus: 73
Número da centúria: 8

Soldat barbare le grand Roy frappera,
Injustement non eslongné de mort,
L'avare mere du fait cause sera
Coniurateur et regne en grand remort.

Um soldado bárbaro golpeará o rei
Injustamente, não longe da morte
A avara, mãe do fato, será sua causa
Conspirador e reino lamentam o que fizeram.

PREDIÇÃO

Essa quadra deve ser lida conjuntamente com a 1/35-1559 [Morte do rei Henrique II da França – I], pois parece outra referência disfarçada à morte acidental, num torneio amistoso, do infeliz monarca. O "soldado bárbaro" era Gabriel de Montgomery, senhor de Lorges, tenente hereditário na Guarda Escocesa do rei e responsável pela tragédia. O simples fato de Montgomery ter golpeado involuntariamente, com sua lança, a viseira do rei seria o dobre de finados para toda a Casa dos Valois, que cairia trinta anos mais tarde.

RESUMO

Uma quadra disfarçada lamentando a morte prematura do rei Henrique II da França, marido da protetora de Nostradamus, Catarina de Médicis.

Morte do rei Henrique II da França – III

Data do índice de Nostradamus: 55
Número da centúria: 3

En l'an qu'un œil en France regnera,
La court sera à un bien fascheux trouble:
Le grand de Bloys son ami tuera,
Le regne mis en mal et doubte double.

No ano em que um zarolho reinar em França
A corte ficará grandemente perturbada
O grande de Blois matará seu amigo
O reino [será] atingido pelo mal e pela dupla dúvida.

PREDIÇÃO

A data do índice apresenta uma diferença de quatro anos, pois Henrique II perdeu o olho num torneio em 1559 [ver 1/35 – 1559: Morte do rei Henrique II da França – I e 8/73 – 1559: Morte do rei Henrique II da França – II] e morreu dez dias depois. Neste caso particular, porém, Nostradamus pode ter turvado as águas de propósito – como faria nas outras quadras da série de Henrique II –, já que uma predição demasiadamente acurada de eventos tão significativos atrairia sem dúvida a cólera da Inquisição (para quem isso equivalia à usurpação humana dos poderes de Deus). O terceiro e o quarto versos da quadra apontam para um futuro mais distante e aludem à queda da dinastia dos Valois – pois o terceiro filho de Henrique II, Henrique III ("o grande de Blois"), mandou assassinar seu velho amigo e rival, Henrique, duque de Guise, em 1588. O episódio realmente dividiu as forças pró-católicas em duas facções irreconciliáveis ("dupla dúvida"), abrindo caminho para a extinção da linhagem dos Valois e a ascensão dos Bourbons.

RESUMO

O caolho é o rei Henrique II e sua morte num torneio amistoso apressou o fim da dinastia dos Valois.

Morte do rei Henrique II da França – IV

Data do índice de Nostradamus: 24
Número da centúria: 8

Le lieutenant à l'entrée de l'huys,
Assommera la grand de Parpignan,
En se cuidant sauluer à Montpertuis.
Sera deceu bastard de Lusignan.

O tenente, na entrada
Derrubará o grande homem de Perpignan
Julgando-se bem-vindo em Montpertuis
Será ludibriado pelo bastardo de Lusignan.

PREDIÇÃO

Todos os lugares mencionados se situam na França, mas Perpignan é perto da fronteira catalã e Lusignan, perto de Poitiers; já Montpertuis se refere provavelmente à região montanhosa em redor de Le Pertuis, no Alto Loire. Na verdade, esses lugares não poderiam ser mais distantes nem mais distintos em termos de propriedade medieval. O mais famoso tenente da França, que "derrubou o grande homem", é sem dúvida Gabriel, conde de Montgomery, tenente na Guarda Escocesa de Henrique II da França quando teve o infortúnio de derrubar o rei num torneio com uma lança quebrada. O rei morreu dez dias depois.

RESUMO

Mais uma possível referência a Gabriel de Montgomery, que matou involuntariamente o rei Henrique II da França.

Morte de Henrique II da França – V

Data do índice de Nostradamus: 70
Número da centúria: 10

L'œil par object fera telle excroissance,
Tant et ardente que tumbera la neige,
Champ arrousé viendra en descroissance,
Que le primat succumbera à Regne.

O olho inchará por causa de um objeto estranho
Tanto e com tamanho ardor que a neve cairá
O campo ficará coberto e nada crescerá
O primeiro no reino sucumbirá.

PREDIÇÃO

Essa é, claramente, outra quadra sobre Henrique II, com a data disfarçada tal como ocorre nas outras a seu respeito. A lança com a ponta partida que penetrou na têmpora do rei fez realmente seu olho "inchar" de maneira horrível, causando-lhe dores excruciantes durante os dez dias que ainda viveu [ver 1/35, 8/73, 3/55 e 8/24 – 1559: Morte do rei Henrique II da França – I-IV]. Na imagem contundente do verso 3,

Nostradamus parece insinuar que a pista onde ocorreu o torneio no qual o rei foi mortalmente ferido deveria ser "coberta" de sal para que ali nada voltasse a brotar.

RESUMO
Essa quadra precisa e detalhada encerra a brilhante série de versos que Nostradamus dedicou à morte acidental do rei Henrique II.

Diante dos aparentes perigos que Nostradamus enfrentava por parte da Inquisição, é importante distinguir, como fez Alexandre de Hales (1183-1245), entre as duas principais, embora diferentes, formas de magia: a *divinação* (do latim *divinitas*, que significa "divindade" ou "natureza divina"), considerada a Alta Magia, e o *maleficum*, ou malefício (do latim *maleficus*, que significa "prejudicial" ou "nocivo"), palavra cunhada na Idade Média para definir a Baixa Magia. Esta se destinava à gratificação imediata – o equivalente, em termos mágicos, a uma dose de cafeína. Suas práticas mais comuns eram queimar cabelos, enfiar agulhas em bonecos de cera e fazer oferendas sacrificiais para garantir boas colheitas ou chuvas após um longo período de seca. A Alta Magia, incorporando a astrologia e a alquimia, tinha um sólido fundamento filosófico: inspirava-se tanto em Pitágoras quanto nos magos da Pérsia, no gnosticismo e no neoplatonismo. Ambas eram, pois, diametralmente diferentes na origem, com a Baixa Magia alicerçando muito de seu poder no aristotelismo. A Alta Magia, podendo ser objeto de estudo sério, era intelectualmente aceitável, se não "exata". Já a Baixa Magia se identificava com a feitiçaria.

Nostradamus, nem é necessário dizer, praticava a Alta Magia com base no *Corpus Hermeticum*, um tratado mágico que nos tempos medievais se acreditava ser muito antigo, mas que, conforme provou Isaac Casaubon (nenhuma relação, além da óbvia, com o anti-herói fictício de George Eliot em *Middlemarch*), foi composto por volta dos séculos II ou III d. C. A opinião de Casaubon tinha grande peso porque em sua época (1559-1614) ele era considerado, juntamente com José Escalígero (nascido em Agen), o homem mais erudito da Europa.

A adesão de Nostradamus à Alta Magia assegurou-lhe, pois, considerável proteção contra as investigações inquisitoriais; e isso, mais o apoio da rainha, fez com que ele não precisasse nem desejasse ocultar ou codificar as datas de seu índice (exceto nas circunstâncias extremas já mencionadas, quando se referiam à morte de reis ainda vivos). O itinerário de Nostradamus na Alta Magia também se coaduna com suas intenções pedagógicas – pois ele acreditava firmemente que a humanidade está sujeita a um destino previamente traçado e que nada na história é produto do acaso. Tudo é intencional ou programado, podendo portanto ser previsto pela vidência, a divinação, a necromancia, a hidromancia, a quiromancia, a astrologia, a interpretação dos sonhos, o estudo dos textos antigos, a numerologia, a alquimia, a cabala, a inferência hermética e a manipulação dos componentes químicos fundamentais dos objetos inanimados. A cada passo no ciclo divinatório, o adepto ascendia a um nível mais alto de compreensão que culminava num processo de purificação mental e espiritual cuja meta era a absoluta clareza de pensamento. Essa catarse espiritual dava ao adepto acesso a verdades ocultas que, com as melhores intenções possíveis, ele depois apresentava ao mundo – e o mundo podia fazer com elas o que bem entendesse.

Essa aparente autoglorificação era vista com maus olhos pela comunidade religiosa, mas poucos a consideravam bruxaria: seus entusiastas podiam praticá-la, para todos os fins, sem ser molestados. Entretanto, a magia era por natureza anticlerical no sentido de que muitos de seus adeptos se acreditavam especialmente escolhidos para exprimir as intenções de Deus e não apenas para acatá-las, como faria um padre ou um crente sincero. Só nessa medida Nostradamus corria perigo; mas rebateu eventuais acusações deixando claro que não se julgava conscientemente um vaso de eleição e sim um instrumento fortuito, selecionado por acaso.

Vaso conscientemente eleito ou não, o auge da fama estratosférica de Nostradamus ocorreu durante uma visita a Salon, em 1564, do rei menino Carlos IX (que mais tarde, por instigação de sua mãe dominadora, aprovou o massacre da Noite de São Bartolomeu). Catarina convidou Nostradamus e sua família para uma visita aos aposentos reais e depois para uma consulta na qual lhe pediu que lesse o horóscopo de seu filho mais novo, o duque de Anjou. Nostradamus, porém, estava mais interessado no jovem Henrique de Navarra e chegou a examiná-lo enquanto o garoto de dez anos dormia, predizendo então que ele ainda herdaria toda a França.

Com base em evidências contidas no testamento de Nostradamus, sabemos que suas tribulações foram bem recompensadas e que gozou de considerável conforto durante os dois anos em que caiu doente, atacado de gota, artrite e problemas cardíacos, males que nem seus famosos remédios conseguiram aliviar. Faleceu a 2 de julho de 1566 exatamente da maneira que previra.

O CONCEITO
DE ANTICRISTO

Há mais de 2 mil anos, o nome do Anticristo alimenta a imaginação das pessoas, quando não as paralisa de medo. Tem sido usado, ora como vara para punir os descrentes, ora como aguilhão para espicaçar os recalcitrantes; e servido, ora para assustar as crianças sem fé, ora para convencer os filósofos de que é um "correlativo objetivo" do livre pensamento.

T. S. Eliot explica perfeitamente o conceito de "correlativo objetivo" em seu *The Sacred Wood* (1920), quando discute os problemas inerentes ao *Hamlet* de Shakespeare:

> A única maneira de exprimir a emoção sob a forma de arte é encontrar um "correlativo objetivo", ou seja, um conjunto de objetos, uma situação, uma cadeia de eventos que funcionem como uma fórmula para aquela emoção particular. Assim, quando são dados os fatos exteriores, que culminam na experiência sensorial, a emoção é imediatamente evocada.

O conceito de Anticristo se originou da escatologia judaica e seu modelo original é provavelmente Antíoco IV Epifânio (215-164 a.C.), perseguidor dos judeus, com modelos subsidiários representados pelo "não morto" Nero (Nero *redivivus* – o povo esperava que ele reaparecesse muitas décadas, se não séculos, após sua morte), Pompeu, Herodes, o Grande, e Calígula. A isso se mesclavam o dualismo iraniano definido no conflito final entre Ormusde e Ar_mã, e os mitos apocalípticos babilônios onde é descrita a derradeira batalha entre o deus supremo Marduque e o dragão do caos, Tiamate.

Os cristãos, posteriormente, tomaram o conceito de Anticristo dos judeus, transformando-o, em tudo, no "correlativo objetivo" de Eliot – basta substituir, na explicação do poeta, "arte" por "fé". Com o Anticristo joanino, essa ideia é levada à perfeição: ele se torna a encarnação necessária de um mal que, por sua própria presença, também sugere o bem. Se Deus envia seu filho unigênito, Jesus Cristo, ao mundo para salvá-lo, então (pela lógica) Satã, a imagem especular de Deus, precisa também enviar uma contrapartida de Jesus Cristo para agir como *seu* representante. Essa contrapartida é o Anticristo.

A comunidade escolástica católica da Idade Média tendia a se dividir em dois campos relativamente a essa questão. Os escatologistas preteristas acreditavam que as profecias do Anticristo haviam sido cumpridas antes do reinado dos papas em Roma, isto é, no primeiro século após o nascimento de Jesus Cristo; já para os escatologistas futuristas, o Anticristo apareceria numa época indeterminada ainda por vir e governaria o mundo por um período de três anos e meio.

É fato estabelecido que cada nação e religião forjam o Anticristo que julgam merecer. Os franceses, espanhóis e italianos, portanto as principais potências católicas, tendiam a ver monarcas ingleses protestantes como Henrique VIII e Isabel I como Anticristos; e quando essa atitude perdeu força, estudiosos do porte de Tomaso Malvenda

(1566-1628), Roberto Bellarmino (1542-1621), Francisco Ribeira (1537-1591) e Luis de Alcazar (1554-1613) procuraram convencer tanto o papado quanto a elite católica a voltar sua atenção para os judeus – pois a tradição medieval rezava que o Anticristo nasceria judeu, na Babilônia, na tribo de Dan, e seria destruído por Deus no Monte das Oliveiras ou em suas imediações.

Essa teoria largamente apócrifa parece ter-se originado de fontes cristãs primitivas como Hipólito (cerca de 202 d.C.) e São Cirilo de Jerusalém (315-386 d.C.), sendo mais tarde acolhida por figuras prestigiosas como Santo Alberto Magno (1206-1280) e Santo Tomás de Aquino (1225-1274), Joaquim de Fiore (1135-1202) (*Expo Sitio in Apocalipsim*) e Adso, abade do mosteiro de Moutier-en-Der, da Ordem de Cluny, que morreu em 992 durante uma peregrinação a Jerusalém e cujo tratado *De Ortu et Tempore Antichristi* exerceria duradoura influência sobre o antissemitismo atribuído à Igreja Católica. Esse antissemitismo latente atravessaria a Idade Média, o Iluminismo e a Era Vitoriana, culminando em falsificações absurdas como os *Protocolos dos Sábios de Sião*, em 1905, que por seu turno apressariam o advento da Alemanha hitlerista com todo o seu extremismo.

Ora, se não eram os judeus que ameaçavam a hegemonia cristã, então eram os turcos. Considerando-se os ataques à navegação mediterrânea, durante quinhentos anos, desfechados pelos piratas barbarescos – quase sempre, é verdade, sob a égide do Império Otomano –, não chega a surpreender que as potências do Mediterrâneo (inclusive, é óbvio, os gregos), revoltadas com a atitude da Europa protestante, segundo a qual o papado protegia o Anticristo, projetassem, como uma criança agredida que deseja dar o troco, esse conceito em outro, igualmente irritante.

Mas como poderia um turco, não cristão, ser o Anticristo? A resposta a semelhante impasse bem poderia nos dar a chave para a decisão do judeu/católico Nostradamus de escolher três Anticristos.

Numa última e irônica reviravolta, a doutrina milenarista islâmica projetou sua própria concepção do Anticristo em Djadjdjal, descrito no *hadith* de Nawwas ibn Sam'an – dessa vez visando os colonizadores europeus do subcontinente africano. Djadjdjal seria um jovem de cabelos crespos e baixa estatura. Cego de um olho, andaria com os pés afastados e, à exceção de Meca e Medina, entraria em todas as cidades e aldeias da Terra espalhando o terror e a corrupção.

O que vai tem de voltar, ou pelo menos assim parece.

O apóstolo Paulo, como seria de esperar, é categórico com respeito à iminência da situação em II Tessalonicenses, 2:3-4:

> Ninguém, de maneira alguma, vos engane porque não será assim sem que antes venha a apostasia e se manifeste o homem do pecado, o filho da perdição; o qual se opõe e se levanta contra tudo o que se chama Deus ou se adora; de sorte que se assentará, como Deus, no templo de Deus, querendo parecer Deus.

Uma tradução literal, palavra por palavra, do original grego seria assim:

> Que ninguém vos seduza de maneira alguma porque isso não acontecerá sem que antes a apostasia sobrevenha e revele o homem sem lei, o

filho da destruição, o mentiroso que se sobrepõe a Deus e a outros objetos de reverência, e que se senta como um Deus na casa divina de Deus, fingindo-se de Deus.

Muitos comentadores, de um modo geral, adotaram o conceito de Anticristo como uma pessoa ou ser único que concentra em si – pois é invariavelmente um "ele" – tudo o que passa por anticristão, antiteísta e rebelde. Em suma, tudo o que ameaça o *status quo* fundamental do mundo cristão estabelecido. Se uma seita cristã surgia, era liderada pelo Anticristo. Se alguém levantava dúvidas quanto ao grau exato de perfeição moral das atividades da Igreja, é porque trazia nas veias o sangue do Anticristo.

Quando Martinho Lutero expôs suas 95 teses na porta da frente da *Schlosskirche*, em Wittenberg, em 31 de outubro de 1517, voltou habilmente esse argumento contra a política católica condenando a concessão de perdões e indulgências (a remissão parcial ou plena do castigo temporal por meio da confissão, expiação ou, no tempo de Lutero, de multas, doações ou venda de indulgências por "perdoadores" profissionais, que prometiam a chamada "remissão perpétua"). Lutero perguntava, sobretudo em vista da imensa fortuna pessoal do papa Leão X, por que esse homem santo não financiava a polêmica reforma da basílica de São Pedro, em Roma, com dinheiro de seu próprio bolso, em vez de extorqui-lo aos pobres em troca de promessas vãs de salvação.

A tese 86 de Lutero diz a respeito desse assunto: "Repito: por que o papa, cuja fortuna hoje é maior que a dos mais ricos, não constrói apenas essa igreja de São Pedro com seu próprio dinheiro, sem recorrer ao dos crentes pobres?".

A mensagem implícita de Lutero era clara. Se o papa exigia carta branca para impor seus caprichos e governar a Santa Madre Igreja do jeito que achava melhor – alegando, como pretexto, que era o representante de Jesus Cristo na Terra – então ele devia ser, necessariamente, o Anticristo paulino, pois, e esta verdade é em si evidente, só Cristo pode ser Cristo (cito as bulas de Lutero intituladas *Adversus Execrabilis Antichristi Bullam* e *De Antichristo*, ambas traduzidas para o inglês já em 1529).

Mas Nostradamus, que nasceu exatamente vinte anos depois de Lutero e morreu também vinte anos depois dele – Lutero: 1483-1546; Nostradamus: 1503-1566 –, pesquisou mais o conceito de Anticristo no Novo Testamento que o próprio Lutero. Achava que havia "três" Anticristos, não necessariamente sobre-humanos – poderiam, em outras palavras, nascer entre nós e não via Satã, com entrega expressa direta do inferno. Afinal, é o "sangue humano" que "redime a água que cobre a terra com granizo" (ver adiante) e não o sangue mais azul dos anjos caídos.

A quadra seguinte é crucial na descrição que Nostradamus faz de três Anticristos (e não apenas de um) e, por isso, exige um exame mais profundo. Note-se ainda, na quadra, a menção do número "vinte e sete", que é, numerologicamente falando, 3×9 – logo, a imagem especular de 666, o Número da Besta na Revelação bíblica (o espelho, na cabala, reflete os aspectos dualistas de Deus, o cognoscível e o incognoscível, o revelado e o não revelado, Deus e Satã, treva e luz: nenhum desses aspectos é contraditório, todos se acham incorporados à unidade perfeita de Deus).

A quadra a que me refiro é a 8/77 (ver o comentário sobre o ano de 2077 na seção sobre o Terceiro Anticristo) e diz o seguinte:

> *L'antechrist trois bien tost annichilez,*
> *Vingt et sept ans sang durera sa guerre,*
> *Les heretiques mortz, captives, exilez,*
> *Sang corps humain eau rogie gresler terre.*

> O Terceiro Anticristo logo será aniquilado,
> Sua guerra durará vinte e sete anos,
> Os hereges estarão mortos, cativos ou exilados,
> Sangue humano redime a água que cobre a terra com granizo.

Explorando mais um pouco a imagem especular, a relação do Anticristo com Satã é considerada, por muitos, análoga à que existe entre Cristo e Deus. O próprio fato de Jesus Cristo encarnar o "bem perfeito" exigia, logicamente, a criação de uma antítese, nos termos do argumento. C. G. Jung, em *Answer to Job* (volume II de suas *Collected Works*), declarou que as condições para a criação de um Anticristo se apresentam "quando Deus encarna apenas em seu aspecto de luz e pretende ser o próprio bem ou, ao menos, ser visto como tal. Um *enantiodromea* [mudança para o oposto] em grande estilo é a vinda do Anticristo, que devemos sobretudo à ação do 'espírito de verdade'".

Podemos assumir então que o conceito do "terceiro" Anticristo de Nostradamus vai ainda mais longe? Espelhará isso a Santíssima Trindade, possivelmente simbolizada pela tríplice coroa do papa, o *triregnum*? (Observe-se que não estou me referindo aqui à chamada trindade luciferiana, comum na Tradição Negra e formada por Samael, Lilith e Caim).

Nostradamus era sem dúvida obcecado pelo número 3. Juntamente com o "número sagrado" 7, que aparece cinquenta vezes em suas 942 quadras (ver o terceiro parágrafo do capítulo "Os Anticristos de Nostradamus"), o 3, "número perfeito" dos pitagóricos porque simboliza um começo, um meio e um fim (consequentemente a Divindade), ganha precedência, com um intrigante total análogo de 50. A curta análise que se segue do número 3 talvez ajude a ilustrar seu amplo significado simbólico.

Para começar, homens e mulheres são tripartidos, com corpo, alma e espírito. Também seus inimigos são tripartidos: mundo, carne e diabo (os romanos chegaram a dividir a alma em mais três partes, *manes*, *anima* e *umbra*). Situadas bem abaixo da Santíssima Trindade, em ordem hierárquica, havia tradicionalmente três "estados" no mundo cristão: nobreza, clero e povo. Além disso, as leis que governavam a população, ao menos na Inglaterra (como acontece ainda hoje), estavam sujeitas a três jurisdições: a câmara dos Comuns, a câmara dos Lordes e a Coroa. O mundo clássico também estava sob o controle de três deuses principais: Júpiter, que governava os céus, Netuno, que governava os mares, e Plutão, que governava o mundo inferior. A entidade Júpiter (ou Jove) era simbolizada por um raio de três pontas; a entidade Netuno, por um tridente; e a entidade Plutão, por um cão de três cabeças.

Além disso, na mitologia clássica, havia três Fúrias, três Graças, três Harpias e três Livros Sibilinos. Três Ninfas guardavam a fonte de

Hilas, outras três (as Trias) vigiavam o monte Parnaso e três vezes três eram as Musas, ao passo que a pitonisa de Delfos se sentava, nem é preciso dizer, numa trípode. Houve três soberanos ou deuses criadores chineses, chamados Fu-hsi, Shen Nung e Yen-ti, bem como três imortais taoistas, conhecidos como os Puros: Lao-tsé, Tao Chun e Yü Huang, cuja contrapartida são três Venenos Animais na roda da lei – um pássaro, um porco e uma serpente –, afora Três Grandes Homens, Três Grandes Seres e Três Deuses Porteiros. No budismo, há a Doutrina dos Três Corpos: *nirmana-kaya*, *sambhoga-kaya* e *dharma-kaya*.

Mesmo as Graças cristãs são três (Fé, Esperança e Caridade) e há três reinos na natureza (animal, vegetal e mineral). A Bíblia tem três livros, o Velho Testamento, o Novo Testamento e os Apócrifos. Há três cores primárias, vermelho, amarelo e azul; e três reis sábios, Melquior, Gaspar e Baltasar, que visitaram o menino Jesus no estábulo (foram chamados de Magos, palavra que segundo Camões, nos *Lusíadas*, corresponde ao vocábulo indiano *Brahmin*). Como sabemos que Brahma era um dos três seres formados por Deus para "ajudar" na criação do mundo, essa confusão acaba por demonstrar a interconexão de quase todos os mitos, dogmas e teocracias que existem sob o sol.

Mas não foi só Nostradamus que previu vários Anticristos. Alexander Leighton, em seu *Speculum Belli Sacri* (Amsterdã, 1624), parece dizer algo similar no seguinte trecho: "A terceira justificativa de tua esperança vem do inimigo que tens de combater, a Besta, o Dragão e o Falso Profeta, cuja ruína o Senhor dos Exércitos jurou e determinou. É grande vantagem conhecermos nossos inimigos e vantagem maior ainda sabermos que nossos inimigos são os inimigos de Deus".

A Besta. O Dragão. O Falso Profeta. Seria a "Besta" a imagem especular do Pai, o "Falso Profeta" a do Filho e o "Dragão" a do Espírito Santo?

No Novo Testamento, o conceito do Anticristo como mais de uma entidade se originou em I João (a Primeira Epístola Universal), 2:18: "Filhinhos, é chegada a última hora; e, como ouvistes que vem o anticristo, também agora muitos se têm feito anticristos; por onde conhecemos que é já a última hora (tradução literal do grego: "Crianças, é a hora derradeira e, assim como ouvistes que o anticristo vem, hoje há muitos anticristos; daí podemos deduzir que a última hora chegou").

Quatro versículos adiante, João se mostra ainda mais específico com relação à figura do Anticristo: "Quem é o mentiroso senão aquele que nega que Jesus é o Cristo? É o anticristo, esse mesmo que nega o Pai e o Filho" (tradução literal do grego: "Quem é o mentiroso senão aquele que afirma que Jesus não é o Cristo? Esse é o anticristo, aquele que nega o Pai e o Filho").

No capítulo 4, versículo 3, João é ainda mais claro: "E todo espírito que não confessa que Jesus Cristo veio em carne não é de Deus: é o *espírito* do adversário, do qual já ouvistes que há de vir, e eis que está já no mundo" (tradução literal do grego: "Todo espírito que confessa que Jesus Cristo, em carne, veio de Deus, é; e todo espírito que não confessa que Jesus provém de Deus, não é; é o espírito do anticristo, que segundo ouvistes vem e já está no mundo").

A palavra final de João sobre o assunto se acha em II João, 7: "Porque já muitos enganadores entraram no mundo, os quais não confessam que Jesus Cristo veio em carne. Esse é o enganador e o anticristo" (tradução literal do grego: "Porque muitos incorretos vieram ao mundo, não confessando que Jesus Cristo veio em carne; esse é o incorreto e o anticristo").

Portanto, temos a imagem de alguém que é primariamente um "enganador", uma criatura que finge ser o que não é se apresenta como outra, maior que ela. "A Serpente falsa rasteja pela terra, /Um presbítero anticristão de nascença" (de um curto texto anônimo, *The Watchman's Warning-Peece. Or, Parliament Souldiers Prediction*).

A British Library, só para dar um exemplo, possui cerca de 780 livros com a palavra "Anticristo" no título, a maioria sermões do século XIX que criticam o papa por, pretensamente, se colocar no lugar de Jesus Cristo. Os títulos, em geral, são do tipo *Um Exame Sincero para Saber se o Papa de Roma é o Grande Anticristo da Escritura* (Nova York, 1868), de John Henry Hopkins, ou *Provas de Que a Igreja de Roma Traz as Marcas do Anticristo* (Londres, The Protestant Association, 1843), de Hugh McNeile. Alguns são até mais explícitos, como *Um Espelho para o Papa. Nele, Poderá Ver Seu Próprio Rosto, a Imagem Viva do Anticristo. Com o Novo Credo do Papa, Contendo Doze Artigos de Superstição e Traição Promulgados por Pio IV e Paulo V, Disfarçados com o Nome da Fé Católica. Refutados em Dois Diálogos* (Londres, 1616), de Leonell Sharpe. Mesmo o velho e bom Raimundo Lúlio, o místico e troglodita de Maiorca, entrou em cena com seu *Llibre dels Articles de la Fe: Llibre Què Deu Hom Creure de Déu; Llibre contra Anticrist*, presumivelmente (dado que Lúlio viveu de 1232 a 1316) escrito na virada do século XIV (e reeditado em Palma em 1996 pelo Patronat Ramon Llull). Martinho Lutero, como se sabe, definiu sua própria abordagem do assunto, em 1523, no *Offenbarung des Andtckrists; or, Antichrist Revealed. Translated from the Original German... by... C. Smyth... Wider Catharinum, Witten-berg, M.D.XXIIII* (Londres, 1846). Mas *Piers Plowman* (escrito por volta de 1360-1387), de William Langland, também o menciona, da mesma forma que o *Cursor Mundi* (*c.* 1300), em "inglês médio" nortumbriano.

Muitos desses livros são escritos em alemão, francês ou holandês, lado a lado com as edições inglesas e americanas mais conhecidas. Alguns tentam refutar as acusações protestantes – e outros atacam os quacres. Há livros protestantes que criticam outros protestantes. O rei Carlos I, por exemplo, chamava Oliver Cromwell de "Anticristo" – sentimento, aliás, recíproco – a despeito do fato de o tutor de Cromwell, Thomas Beard, poder dizer no prefácio de seu *Antichrist the Pope of Rome* (Londres, 1625): "Depois do Senhor e Salvador Jesus Cristo, não há nada mais necessário que o verdadeiro e sólido conhecimento do Anticristo".

Aparentemente, a rapidez era imprescindível em se tratando de atirar pedras. Golpeie antes do adversário porque todos – mesmo os analfabetos – compreendem a implicação óbvia. Uma vez ciente da polêmica do Anticristo, qualquer pessoa sabia que a história iria longe, tanto mais que poetas como Phineas Fletcher, Edmund Spenser, George Herbert, John Milton, George Wither, William Alabaster e John Donne espalhavam com prazer essa noção em seus versos.

O Anticristo era objeto de imenso fascínio até para os homens mais eruditos da época, inclusive, é preciso ser dito, o grande sir Isaac Newton, descobridor da gravidade, e John Napier, inventor dos logaritmos. O rei Jaime VI da Escócia "o tolo mais sábio da Cristandade", segundo sir Anthony Weldon, publicou um panfleto sobre o assunto quinze anos antes de subir ao trono da Inglaterra como Jaime I.

Samuel Pepys – que gostava de viver perigosamente – admitiu ter apreciado a solução proposta por Francis Potter para o enigma do número bíblico 666 em *The Key of the Revelation* (Londres, 1643). Potter tentou provar, mediante dedução matemática – em definitivo, conforme pensava –, que o papa era mesmo o Anticristo. E isso está em seu diário na data de 18 de fevereiro de 1666!

Livros sobre o Anticristo apareceram principalmente no período que vai do século XVI ao começo do XX, quando por algum motivo começaram a escassear. Fala-se muito em "calúnias", "Cristos apocalípticos" e "templos verdadeiros e falsos". Alguns chegam a contestar o número da Besta. Richard Franklin, num panfleto publicado em Londres (1685), afirma que o número não é 666 e sim 42, que o verdadeiro Anticristo é Maomé e que, em consequência, os cristãos podem respirar aliviados. Os chamados hereges ou cismáticos – incluindo cátaros, albigenses, waldenses, arminianistas, franciscanos espirituais, luteranos, calvinistas, huguenotes, lolardos, irmãos tchecos, hussitas, taboritas etc., etc., etc. – também viram no Anticristo um instrumento útil para condenar qualquer versão da Madre Igreja com a qual no momento se desavinham. E receberam o troco.

Na França, o ex-protestante rei Henrique IV teria desertado das fileiras do Anticristo no ano de 1593, quando decidiu pragmaticamente que "*Paris vaut bien une messe*" ("Paris vale bem uma missa") – palavras que, segundo a Liga Católica, marcaram seu renascimento espiritual e por fim o qualificaram ao trono da França (ver 4/93 – 1593: A Oportuna Conversão do Bom Rei Henrique de Navarra, em meu *The Complete Prophecies of Nostradamus*). Isso não impediu que fosse assassinado dezessete anos mais tarde, em 1610, por um católico fanático e desiludido que se irritava com a contínua tolerância de Henrique para com os huguenotes, conforme manifestada no religiosamente esclarecido Édito de Nantes, de 1598. As vitórias do cardeal de Richelieu sobre os huguenotes, durante o reinado do filho de Henrique, Luís XIII, em nada amenizaram a fúria contra o Anticristo.

Podemos deduzir, portanto, que a palavra Anticristo depressa se tornou uma vara bem à mão para punir todos aqueles que pensavam de maneira diferente. E é assim ainda hoje.

Mas uma coisa sabemos com certeza: todos estavam errados.

O Anticristo (ou, segundo Nostradamus, o terceiro e último Anticristo) ainda não veio. Um tal H. W. Antichrist na verdade escreveu *A Letter of Condolence and Congratulation from Antichrist to John Bull; and the Answer* (Londres, 1795), mas creio que podemos descartá-lo como mero concorrente da figura principal.

A primeira coisa a lembrar é que o Anticristo nem sempre é necessariamente conhecido como o Anticristo. Às vezes, chamam-no de Homem do Pecado – ver, de William Hughes, *The Man of Sin: or a Discourse of Popery, wherein the... Abominations... of the Romish Church Are... Exposed so to Open Light that the Very Blind May See Them, and Antichrist in Capital Letters Engraven on Them: particularly in the Infinite Drove of... Lying Wonders and Miracles. By no Roman, but a Reformed Catholic* (Londres, 1677), ou, de Henry Denne, *The Man of Sin Discovered: Whom the Lord Shall Destroy with the Brightness of His Coming etc.* (Londres, 1645). Hughes era na verdade um hospitalário de St. Thomas, Southwark, de modo que talvez tivesse interesse em lisonjear seus patrões, e a Denne, como divino protestante, não restava nenhuma outra escolha.

O dramaturgo Ben Jonson (cuja peça *Bartholomew Fair* cito em minha epígrafe) sem dúvida gostava de satirizar essas pessoas. O puritano Ananias, no Ato IV, Cena VII de *The Alchemist*, vai ao ponto de saudar um homem vestido à moda espanhola, com as mangas fendidas – veja o quadro de Frans Hals, *Cavaleiro Sorridente* (1624), na London's Wallace Collection para uma ideia aproximada do que estou falando –, com as palavras: "Tu me pareces o Anticristo com esse chapéu impudico!".

O "Homem do Pecado", obviamente, é um cognome derivado de João Calvino e da tradução de Genebra da Bíblia, mas, com mais propriedade, das notas a ela acrescentadas – notas com as quais tanto Denne quanto Hughes estavam bastante familiarizados (ver o terceiro parágrafo, linha 16, da Dedicatória ao rei James da Versão Autorizada da Bíblia para uma hábil confirmação). Outros apelidos oportunos incluem o Rei Obstinado, o Vigário do Diabo, o Deus de Sangue, o Filho da Perdição, o Inimigo, o Dragão, a Besta (ver, de novo, minha epígrafe), a Prostituta de Babilônia, o Pequeno Chifre, o Mistério da Iniquidade, Latinos ou "Homem Latino" e o Falso Profeta.

Essa abordagem indiscriminada da nomenclatura nos leva diretamente ao próprio conceito de Anticristo de Nostradamus, bem diverso do de Lutero e da Igreja Protestante. Com efeito, a versão francesa do Anticristo é o *Antéchrist*, com a implicação óbvia de que a Besta virá "antes" (*anté-*) do Final dos Tempos. A interpretação inglesa de "anti-" sempre tendeu mais para o sentido estritamente latinizado da palavra, que significa não apenas "oposto a", mas também "equivalente a" ou "em substituição a". Essa diferenciação verbal é importantíssima, conforme veremos.

OS ANTICRISTOS DE NOSTRADAMUS

Passei sete dias por semana durante um ano inteiro escrevendo meu *The Complete Prophecies of Nostradamus* (Watkins, 2009) e, durante esse longo período, foi ficando claro para mim que Nostradamus de fato dedicou toda uma série de quadras personalizadas a apenas três figuras históricas principais: a primeira é Napoleão Bonaparte (47 quadras), a segunda Adolf Hitler (30 quadras) e a terceira alguém que podemos chamar de "Aquele Que Ainda Está Por Vir" (36 quadras).

Por que isso? A resposta parece estar naquilo em que Nostradamus acreditava, isto é, que o mundo dos homens só subsistiria por 7 mil anos – cálculo com base na média de vida das pessoas – a partir do nascimento de Jesus Cristo. Sua profecia final, na quadra 10/74 – 7074, é categórica a esse respeito (ver o fim do capítulo "O Terceiro Anticristo: 'Aquele Que Ainda Está Por Vir'" para um comentário completo):

Au revolu du grand nombre septiesme
Apparoistra au temps ieux d'Hacatombe,
Non esloigné du grande age milliesme,
Que les entres sortiront de leur tombe.

Quando o grande número sete se completar
Jogos começarão do lado do Túmulo

Não longe da passagem do Milênio
Os mortos sairão de seus sepulcros.

Nostradamus não é o único, obviamente, a atribuir um significado excepcional ao número 7, considerado há muito tempo um número sagrado. A lua, por exemplo, tem sete fases, assim como há sete corpos na alquimia, sete sentidos, sete pecados mortais, sete virtudes e sete espíritos diante do trono de Deus. Temos sete dias na criação, sete graças, sete dias para a purificação levítica, sete dias na semana, sete mestres sábios e sete grandes paladinos da Cristandade. Há sete divisões no Pai-Nosso, sete fases na vida do homem, sete "quedas" diariamente para o justo; cada sétimo ano é considerado sabático e sete vezes sete anos representam um jubileu. Sete semanas demarcavam as primeiras duas das três grandes festas judaicas, cada qual com duração de sete dias; há sete igrejas na Ásia, sete candelabros, sete trombetas, sete estrelas, sete chifres, sete olhos atribuídos ao Cordeiro de Deus, dez vezes sete israelitas a caminho do Egito, depois exilados por sete anos e vivendo sob a direção nominal de dez vezes sete anciãos. Há, além disso, sete bíblias ou livros sagrados (a Bíblia cristã, os Edas escandinavos, os Cinco Reis dos chineses, o Alcorão muçulmano, a Tripitika budista, os três Vedas dos hindus e o Zendavesta persa), sete alegrias e sete tristezas da Virgem, sete chakras no kundalini hinduísta, sete irmãos do Pai Sol maia e sete centros de poder corporal maias, sete sábios da Grécia e, por que não, sete maravilhas do mundo antigo.

Contudo, os três Anticristos a que Nostradamus se refere surgem todos num período de setecentos anos a partir do nascimento do próprio vidente, levando-nos a acreditar que ele se sentia capaz de ver só até aí no futuro. Significará isso que mais Anticristos virão? Pode ser, mas Nostradamus não fez nenhuma referência a eles.

O que, então, une as três figuras díspares que o vidente considera Anticristos? Que características têm em comum? Acho que seria um ótimo exercício à Sherlock Holmes tentar identificar os principais aspectos dos dois primeiros da lista e, assim, predizer com algum grau de exatidão, por se tratar de uma incógnita, "Aquele Que Ainda Está Por Vir".

Em primeiro lugar, na lista de Nostradamus, vem Napoleão Bonaparte, nascido católico. Sem dúvida, ele nem sempre agiu como tal em vida, pois usou a religião como um instrumento oportuno para influenciar e manipular pessoas, chegando mesmo a declarar: "A religião é aquilo que impede os pobres de matar os ricos". Mas Napoleão também confidenciou a um amigo, Charles Tristan, marquês de Montholon, já no fim de sua vida em Santa Helena (temos de admitir que ele não sofreu muito no exílio, pois a esposa de Montholon, Albine, dividiu seus favores generosamente entre o marido e Napoleão, a tal ponto que sua filha não legitimada, Hélène Napoleone Bonaparte, pode ter sido obra de um ou de outro):

> Alexandre, César, Carlos Magno e eu fundamos grandes impérios. Mas de que dependiam essas criações de nosso gênio? Da força. Só Jesus fundou seu império no amor e ainda hoje milhões morreriam por ele... Quando eu falava aos homens, acendia a chama do desprendimento em seus corações. Apenas Cristo consegue voltar a mente das pessoas para o invisível de tal maneira que ela se torna imune às barreiras do tempo e do espaço.

Isso se aproxima perigosamente da afirmação de Napoleão de que ele, no fundo, fora um Anticristo por causa de seus impulsos megalomaníacos; de que lamentava essa atitude e também, em especial, a manipulação emocional dos outros por meio de sua condição de quase ídolo. Apenas o emprego da palavra "gênio", na primeira linha, sugere – aos olhos dos muito céticos – um certo grau de reincidência.

O segundo da lista é Adolf Hitler. Nascido católico, achava que os judeus eram os assassinos de Deus e resumia sua religião nestas palavras: "Não queremos outro deus a não ser a Alemanha. É essencial que nossa fé, esperança e amor fanáticos sejam dedicados à Alemanha e pela Alemanha". Hitler também era megalomaníaco e sentia grande prazer na manipulação emocional dos outros graças a uma imagem de quase ícone cuidadosamente elaborada. Em seu caso, porém, não houve arrependimento no leito de morte (mesmo tíbio) nem volta repentina aos valores cristãos.

Há outras diferenças. Pelo que sabemos Napoleão, ao contrário de Hitler, jamais promoveu conscientemente genocídios – embora fosse responsável pela morte, direta e indiretamente, de mais de três milhões de pessoas. Assim, no caso dos dois primeiros Anticristos de Nostradamus, estamos diante de um inequívoco aumento de poder: hegemonia, vanglória e brutalidade no primeiro, tirania, vanglória e assassinato em massa no segundo – mas, aqui, com um número de vítimas dez vezes maior.

Isso nos leva ao terceiro nome do trio diabólico de Nostradamus: "Aquele Que Ainda Está Por Vir", descrito na quadra 10/10 – 2010, "Advertência sobre o Terceiro Anticristo", com as seguintes palavras:

"Manchado de assassinatos em massa e adultérios/Esse grande inimigo da humanidade/Será pior que qualquer homem antes dele/Em aço, fogo e água, sanguinário e monstruoso".

Todos três Anticristos são "tentadores". Agem por "sinais e maravilhas". Quase sobre-humanos, são tratados por seus seguidores como verdadeiros deuses. São pseudomessiânicos. Atraem antigos crentes da verdade para um novo modelo de fé modificada e portanto falha. Pervertem os homens. Apresentam-se com os trajes camaleônicos da falsa doutrina. "Operam prodígios" como Belial (ou Beliar, demônio da Bíblia que encarna a maldade e a vileza) e Simão, o Mago ("a fonte de todas as heresias" e "um demônio em forma humana"). Lembram o "rei/imperador adormecido" do *Apocalipse do Pseudometódio*, que um dia despertará – como Barba-Ruiva, o rei Artur e muitos outros monarcas adormecidos antes e depois dele – à frente de poderosos exércitos, com os quais tentará reconquistar o mundo outrora perdido.

Uma leitura atenta de Nostradamus sugere também que o Terceiro Anticristo será de novo um cristão (católico romano, ortodoxo grego ou ortodoxo russo, presume-se), se nascer – conforme Nostradamus parece insinuar na quadra 2/32 – 2032, "Nascimento do Terceiro Anticristo – Presságio II" – na Itália, Croácia, Romênia, Sérvia ou Eslovênia. Isso condiz com a antiga crença segundo a qual apenas um anticristão pode ser um Anticristo e contesta quaisquer ideias mal fundamentadas que fazem do Anticristo um muçulmano, um hindu, um judeu ou um budista. Pois em essência o Anticristo, conforme vemos em Daniel, 11:36 e II Tessalonicenses, 2:4, será o "inimigo de Deus" e não o adepto de alguma crença paralela e possivelmente rival. Assim, um cristão que se torna ateu e conserva seu disfarce cristão para fins políticos parece se encaixar bem na fórmula, ampliando-lhe o alcance.

Vemo-nos, pois, diante da questão espinhosa de saber se o Anticristo se voltará primeiro contra a fé e o mundo cristãos. Nesse caso, o atual repúdio à religião organizada pode ser visto, ao menos até certo ponto, como obra do Anticristo, pois está levando à decadência, à desordem e ao fortalecimento do Demônio.

Como Nostradamus acreditava que o passado e o futuro estão contidos no presente, talvez sugerisse algo semelhante na quadra "O Grande Comediante", que citarei aqui e que T. S. Eliot sem dúvida teve em mente ao redigir os versos iniciais de Burnt Norton (número 1 dos *Four Quartets*):

> O tempo presente e o tempo passado
> Estão talvez contidos no tempo futuro,
> E o tempo futuro contido no tempo passado.
> Se todo tempo é eternamente presente,
> Todo tempo é irremissível.

Isso descreve magnificamente "Aquele Que Ainda Está Por Vir", ou seja, "aquele que era e não é, mas é", segundo o Apocalipse de João (XIII, XVII).

O Grande Comediante

Data: 7073
Data do índice de Nostradamus: 73
Número da centúria: 10

Le temps present avecques le passé
Sera iugé par grand Iovialiste,
Le monde tard lui sera lasse,
Et desloial par le clergé iuriste.

O tempo presente e o tempo passado
Serão julgados pelo grande comediante
O mundo se cansará dele quando for muito tarde
Tendo desertado seu clero convencional.

PARTE I

O PRIMEIRO ANTICRISTO: NAPOLEÃO BONAPARTE

D epois de um breve lapso, ressurgiu curiosamente na França o interesse pelo Anticristo, durante o período do Iluminismo (que vai mais ou menos de meados do século XVII ao início da Revolução Francesa, em 1789).

Esse renascimento chegou ao ápice durante a própria Revolução, com panfletos e incitações em quantidade, muitas vezes reiterando publicações anteriores que previam o enfraquecimento fatal do Anticristo no período de 1794 a 1848. Alguns situaram mesmo o advento da Segunda Besta para 1796, em pleno período revolucionário. Um panfleto inglês de 1796, por exemplo, baseado parcialmente nos sermões setecentistas de John Owen e parcialmente na obra *Exposition of the Revelation*, do teólogo puritano Thomas Goodwin – panfleto cujo título era *The French Revolution Foreseen in 1649* –, associava a vinda do Anticristo, especificamente, com os ataques ao poder papal, o que se revelou verdadeiro nas circunstâncias, pois Napoleão Bonaparte foi pessoalmente responsável pela queda de pelo menos dois pontífices.

Essa teoria foi mais tarde reforçada por um panfleto de 1795 com o título categórico de *Antichrist in the French Convention*, inspirado na mesma série de acontecimentos. Como podemos ver pela Linha do Tempo Napoleônica de Nostradamus e pelas quadras napoleônicas antipapais que se seguem, isso condiz bem com a teoria de "Bonaparte como o Primeiro Anticristo" de Nostradamus e antecipa em muitos anos as agressões de Napoleão ao papado.

MAPA ASTRAL DE
NAPOLEÃO BONAPARTE

Nascimento: 15 de agosto de 1769 (terça-feira)
Hora: 11h34 (HML – 0,09)
Local: Ajaccio, Córsega, França
Localização: 41N55 8E44

Tábua planetária

Sol em Leão
Ascendente em Escorpião
Lua em Capricórnio
Mercúrio em Leão
Vênus em Câncer
Marte em Virgem
Júpiter em Escorpião
Saturno em Câncer
Urano em Touro
Netuno em Virgem
Plutão em Capricórnio
Meridiano celeste em Leão
Nodo norte em Sagitário

Aspectos planetários

Sol: quadratura desafiando Júpiter
Sol: conjunção com meridiano celeste
Lua: oposição a Mercúrio
Lua: oposição a Saturno
Mercúrio: quadratura desafiando Urano
Mercúrio: quadratura desafiando Ascendente
Vênus: trígono se harmonizando com Júpiter
Vênus: sextil cooperando com Netuno
Vênus: oposição a Plutão
Vênus: trígono se harmonizando com Ascendente
Marte: sextil cooperando com Júpiter
Marte: trígono se harmonizando com Urano
Marte: conjunção com Netuno
Marte: trígono se harmonizando com Plutão
Marte: sextil cooperando com Ascendente
Júpiter: oposição a Urano
Júpiter: sextil cooperando com Plutão
Júpiter: conjunção com Ascendente
Urano: trígono se harmonizando com Netuno
Urano: trígono se harmonizando com Plutão
Urano: Oposição a Ascendente
Netuno: trígono se harmonizando com Plutão
Netuno: sextil cooperando com Ascendente
Plutão: sextil cooperando com Ascendente

Resumo astrológico e numerológico

Segundo o zodíaco chinês, Napoleão Bonaparte nasceu sob o signo do Boi (como Adolf Hitler). Seu elemento era a terra (como o de Adolf Hitler). O Boi, ou búfalo da Índia, é um animal de carga, mas agressivo quando espicaçado. Esse ano costuma produzir líderes natos, de caráter obstinado e inflexível, preparados para tomar medidas extremas a fim de conservar o poder – Richard Nixon é outro bom exemplo da personalidade do Boi. Essas pessoas não gostam de fazer prisioneiros e não toleram críticas. Por fora, a natureza do Boi pode parecer afável e extrovertida, o que a torna simpática e influente – fator imprescindível na corrida pelo poder. Mas esse exterior calmo esconde um temperamento explosivo e intratável, capaz de derrubar tudo diante de si. Pessoas assim são muitas vezes teimosas e opiniáticas – no entanto, para contrabalançar esses defeitos, podem se mostrar muito astutas e meticulosas quando planejam alguma coisa.

Os leoninos também são líderes natos e não raro têm personalidades magnéticas. Não toleram críticas e se retraem quando encontram obstáculos. Todavia, quando Leão é acompanhado de um ascendente Escorpião, como no caso de Bonaparte, muitos dos aspectos melhores e mais positivos de quem nasce sob o signo de Leão são ofuscados pelo gosto do segredo, da intriga e do drama em escala industrial. Essas pessoas em geral colhem tempestades bem mais tarde na vida, quando se defrontam com aquilo que mais temiam (nem é preciso mencionar Waterloo). Têm muita coisa em comum, sem dúvida, e não apenas uma dose enorme de orgulho. A lua de Napoleão em Capricórnio também nos mostra uma personalidade fria, autocontrolada, indiferente e com ares de superioridade – características notórias dos megalomaníacos (Hitler, igualmente, tinha sua lua em Capricórnio).

Numerologicamente, o nome de Napoleão Bonaparte soma 4 no sistema cabalístico de Cagliostro, inspirado no de Cornélio Agripa, que por sua vez baseou suas teorias no alfabeto hebraico: N é 5, A é 1, P é 8, O é 7, L é 3, E é 5, O é 7, N é 5, B é 2, O é 7, N é 5, A é 1, P é 8, A é 1, R é 2, T é 4 e E é 5, o que dá 76, ou seja, 7 + 6 = 13 (1 + 3 = 4). Quatro, neste caso, é o quadrado perfeito dos pitagóricos, sugerindo resistência, perseverança e firmeza de propósito. Vistos pelo lado puramente negativo, esses traços podem levar à obstinação e à autodestruição. Quatro é também o número da "terra" – recordemos que o elemento chinês de Napoleão era a terra – e isso sugere uma superfície serena, por baixo da qual se escondem os tormentos e os abalos (vulcões, terremotos).

PRIMEIRO CALENDÁRIO DE NOSTRADAMUS PARA O ANTICRISTO NAPOLEÃO

1793: Retomada de Marselha, que culmina na vitória e no ferimento de Napoleão durante o cerco de Toulon.

A República Francesa declara guerra à Grã-Bretanha. Em consequência, no mês de dezembro do mesmo ano, Napoleão Bonaparte surge como uma força que não se pode ignorar.

1796: A campanha de Napoleão na Lombardia (1795-1796) põe fim ao ducado de Milão, que existia havia trezentos anos. Conquista da Lombardia por Napoleão.

1797: A batalha do cabo São Vicente anula os planos de Napoleão de invadir as Ilhas Britânicas.

Napoleão derruba o Diretório, que incorporava o Conselho dos Quinhentos, com o golpe de Estado do 18 Brumário.

Napoleão suspende a autoridade temporal do papa Pio VI e o faz prisioneiro. O papa morre dois anos depois.

Napoleão articula a queda da República de Veneza.

1797-1809: Napoleão estende sua rede pela Europa.

1798: Investigam-se os ancestrais de Napoleão, juntamente com sua prisão de dois papas.

A derrota na batalha do Nilo interrompe a campanha egípcia de Napoleão.

1798-1799: Napoleão inicia uma série de guerras em resposta à resistência, destinada ao fracasso, do rei Fernando IV de Nápoles.

1799: O almirante sir Sidney Smith se torna o pesadelo de Napoleão.

Napoleão não consegue tomar Acre.

Napoleão toma o poder na França com um golpe de Estado bem-sucedido.

1800: Napoleão põe fim à Revolução Francesa e consolida seu poder.

1800-1809: Napoleão inicia a conquista da Itália, que levará nove anos.

1802: O Tratado de Amiens interrompe por algum tempo as guerras napoleônicas.

1802-1814: Ravena muda de mãos e se torna parte da República Cisalpina fundada por Napoleão.

1803: Napoleão expulsa Fernando III da Toscana.

1804: Napoleão é sagrado imperador da França. Seu império, condenado de antemão à ruína, é comparado ao antigo Império Romano.

1805: Napoleão coroa-se a si mesmo imperador na catedral de Milão.

Napoleão domina Veneza, transformando-a em pouco mais que um centro turístico.

A vitória de Nelson na batalha de Trafalgar destrói definitivamente o poderio naval francês.

Napoleão anexa a República Liguriana de Gênova.

1807: Neste que foi o seu maior ano, são traçados os planos de Napoleão para o futuro.

O Tratado de Tilsit traz os russos e os prussianos para a esfera de influência de Napoleão.

1808: Napoleão Bonaparte invade a Espanha a pretexto de proteger a costa espanhola dos britânicos.

Napoleão força a mudança de regime na Espanha, colocando no trono espanhol seu próprio irmão, José.

Espanha, Portugal e Reino Unido se unem contra Napoleão na Guerra de Independência Espanhola.

Napoleão funda a famosa escola militar *Prytanée National Militaire*.

Napoleão é comparado, desfavoravelmente, a Cipião, o Africano.

1809: Começam a surgir rachaduras na fortaleza europeia de Napoleão.

Napoleão anexa os Estados Pontifícios e aprisiona seu segundo papa.

Napoleão sofre sua primeira derrota em terra, na batalha de Aspern.

1810: Napoleão transforma a maior parte da Europa num enclave pessoal.

1811: Começa a Guerra Peninsular contra Napoleão.

O duque de Wellington vence uma série crucial de batalhas, que culmina na batalha de Albuera.

1812: Napoleão toma e conserva Verona.

O abade de Foix e os Bonapartes se unem graças à Guerra Peninsular.

1813: Napoleão é derrotado nas batalhas de Vitória e Leipzig, o que torna este um de seus piores anos.

Jean-Baptiste Bernadotte, um dos marechais favoritos de Napoleão, consolida seu poder na Suécia e se distancia de seu antigo senhor.

Os Aliados avançam na França, ameaçando Napoleão em seu próprio terreno.

1816: O duque de Wellington, o pesadelo de Napoleão, é investigado.

Os austríacos retomam o reino da Lombardia-Venécia do velho falcão cansado, Napoleão, depois de seu exílio.

1821: Morte de Napoleão Bonaparte.

1840: O corpo de Napoleão Bonaparte é exumado de Santa Helena e sepultado no Museu dos Inválidos.

AS QUADRAS NAPOLEÔNICAS

Tema
A RECAPTURA DE MARSELHA

Data
1793

Data do Índice de Nostradamus
88

Número da Centúria
10

Piedz et cheval à la seconde veille
Feront entree vastient tour par la mer,
Dedans le poil entrera de Marseille,
Pleurs, crys, et sang onc nul temps si amer.

Soldados a pé e a cavalo na segunda vigília
Sairão do mar e devastarão tudo
Entrarão em Marselha despidos
Lágrimas, prantos, sangue e tempos amargos.

PREDIÇÃO

A quadra descreve um ataque por mar em que os protagonistas se "despem" e nadam dos navios para a costa, acompanhados por seus "cavalos". Cena excitante, e não era esse o primeiro ataque que Marselha sofria: Trebônio assediou-a em 49 a.C. e Carlos de Bourbon em 1524.

Os versos, porém, se aplicam mais provavelmente à recaptura de Marselha pelo exército de Campagnoles do general Carteaux em 1793 e às terríveis represálias tomadas pelos revolucionários depois de dominarem a cidade.

RESUMO

A recaptura de Marselha em 1793 das forças realistas culminou no triunfo e ferimento do jovem Napoleão Bonaparte durante o cerco de Toulon.

Tema

A REPÚBLICA FRANCESA DECLARA GUERRA À GRÃ-BRETANHA

Data

1793

Data do índice de Nostradamus

93

Número da centúria

1

Terre Italique pres des monts tremblera,
Lyon et coq non trop confederés,
En lieu de peur l'un l'autre s'aidera,
Seul Castulon et Celtes moderés.

O território italiano, perto das montanhas, treme
Leão e galo não combinam
Em lugar amedrontador um ajuda o outro
Só o castelo de Toulon e os celtas são moderados.

PREDIÇÃO

Isso parece se aplicar ao quarto ano da Revolução Francesa (1789-1799), quando a República Francesa resolveu declarar guerra à Grã--Bretanha, Espanha e Províncias Unidas (das quais a Holanda é hoje o Estado sucessor).

O "leão" é a Inglaterra; o "galo", a França. Em 1º de fevereiro de 1793, os franceses anexaram o que é hoje a Bélgica (mas, na época, eram os Países Baixos austríacos) e isso motivou a formação da Primeira Coalizão, que acrescentou Áustria, Prússia e Sardenha ("território italiano, perto das montanhas, treme") aos inimigos da França.

O quarto verso se refere ao cerco de Toulon pelos britânicos (o "castelo de Toulon") em dezembro do mesmo ano, que presenciou o advento de Napoleão Bonaparte como uma força que não se podia ignorar [ver 10/88 – 1793: "A Retomada de Marselha"].

RESUMO

Quadra perfeita em termos de datas e exatidão sobre o quarto ano da Revolução Francesa, com ênfase especial na rivalidade entre Inglaterra e França, precursora de quase vinte anos de guerra contínua.

TEMA

BEAUCAIRE E ARLES
DURANTE O SAQUE DE LIÃO

DATA
1793

DATA DO ÍNDICE DE NOSTRADAMUS
93

NÚMERO DA CENTÚRIA
10

La barque neufve recevra les voyages,
Là et aupres transferont l'empire,
Beaucaire, Arles retiendront les hostages
Pres deux colomnes trouvees de porphire.

✳

Viagens serão feitas no novo navio
O império será conduzido para cá e para lá
Beaucaire e Arles conservarão os reféns
Pórfiro será encontrado perto de duas colunas.

– 74 –

PREDIÇÃO

"Pórfiro" era a cor púrpura do "império" [ver 1/43 – 1840: "Exumação de Napoleão Bonaparte"] e "colunas de pórfiro" aparece várias vezes nos versos de Nostradamus (p. ex., 9/32 – 1532: "O saque de civilizações e a conquista do Peru" – ver meu *The Complete Prophecies of Nostradamus*). Perguntamo-nos: Nostradamus acreditava que, num futuro distante, essa seria a única maneira de relembrar os grandes impérios?

Seja como for, as cidades provençais de Beaucaire/Urgenum e Arles/Arelate foram grandes centros romanos (ambas se situam às margens do Ródano e são, por isso mesmo, propícias à navegação, situando-se a uma distância de 18 km uma da outra), e a data do índice de Nostradamus nos leva imediatamente a outubro de 1793, à queda e saque de Lião após um cerco de dois meses pelas forças republicanas revolucionárias (o "novo navio" do Estado).

Os "reféns" são os corpos das centenas de lioneses vítimas do cerco e do quase genocídio que se seguiu; muitas delas devem ter flutuado rio abaixo, passando diante das históricas cidadelas e servindo involuntariamente de advertência a ambas quanto ao que aguardava seus próprios habitantes (tanto Arles quanto Beaucaire abrigavam importantes movimentos realistas).

Nota do autor: Enquanto ocorria esse massacre, Napoleão dava os primeiros passos rumo à criação de um novo e poderoso Império Francês ao derrotar os britânicos em Toulon.

RESUMO

Uma quadra impressionante, que descreve o dia seguinte aos massacres de Lião, em 1793.

TEMA

O DUCADO DE MILÃO

DATA

1796

DATA DO ÍNDICE DE NOSTRADAMUS

95

NÚMERO DA CENTÚRIA

9

Le nouveau faict conduyra l'exercite,
Proche apamé iusques au pres du rivage,
Tendant secour de Milannoile eslite,
Duc yeux privé à Milan fer de cage.

O recém-promovido comanda o exército
Quase é surpreendido perto da margem do rio
Ajuda é oferecida pelos nobres milaneses
O duque é privado da vista em Milão
Numa gaiola de ferro.

PREDIÇÃO

A palavra *"apamé"* vem de *happâmes* e significa "ser apanhado por alguma coisa" (por exemplo, um crocodilo ou um peixe) ou "surpreendido" quando menos se espera. "Milão" fora dominada por franceses, austríacos e espanhóis; e, considerando-se a data de 95 do índice, essa quadra provavelmente se refere à campanha lombarda de Napoleão (1795-1796) ("o recém-promovido comanda o exército"), depois da qual Milão foi declarada capital da República Cisalpina.

Milão, que fora antes um ducado ("o duque é privado da vista em Milão") e parte do Sacro Império Romano desde 1395 (outro eco da data do índice), jamais voltou a essa condição, passando a integrar o reino da Lombardia-Venécia, sob os austríacos, após a queda de Napoleão em 1815.

RESUMO

Napoleão conquista a Lombardia em 1796 (*ver* 4/90 – 1796) e põe fim aos 300 anos de história do Ducado de Milão.

Tema
A CONQUISTA DA LOMBARDIA POR NAPOLEÃO

Data
1796

Data do Índice de Nostradamus
90

Número da Centúria
4

Les deux copies aux murs ne pourront ioindre,
Dans cest instant trembler Milan, Ticin:
Faim, soif, doutance si fort les viendra poindre,
Chair, pain, ne vivres n'auront un seul bocin.

Os dois exércitos não conseguem se encontrar junto às muralhas
No instante do impacto, Milão e o Ticino tremem
Fome, sede, fortes dúvidas os assaltarão
Não resta sequer um bocado de carne, pão ou provisões.

PREVISÃO

A palavra *"cest"*, no segundo verso, do latim *cæstus*, significa golpear (aplica-se também à luva de boxe usada pelos romanos). Estamos, portanto, assistindo a um combate entre dois grandes exércitos, perto de Milão [ver 9/95 – 1796: "O ducado de Milão"] e do lago vizinho, o Ticino, onde se fala o italiano.

Nostradamus, aqui, dá uma data com diferença de seis anos, pois Napoleão conquistou a Lombardia em 1796 e imediatamente declarou "Milão" a capital de sua República Cisalpina (mais tarde, foi coroado ali, no Duomo).

RESUMO

Isso se aproxima bastante da época da conquista da Lombardia por Napoleão, com a data do índice de Nostradamus, 90, apresentando uma diferença de apenas seis anos.

Tema
A BATALHA DO CABO SÃO VICENTE

Data
14 de fevereiro de 1797

Data do índice de Nostradamus
97

Número da centúria
9

De mer copies en trois parts divisees,
A la seconde les vivres failleront,
Desesperez cherchant champs Helisees,
Premier en breche entrez victoire auront.

A força naval se dividirá em três partes
A segunda ala não terá mais víveres
Desesperados, buscarão os Campos Elíseos
Os primeiros na brecha alcançarão a vitória.

PREDIÇÃO

Os Campos Elíseos (ou, em Hesíodo, as Ilhas dos Bem-Aventurados) eram tradicionalmente situados no extremo ocidental da Terra, onde abrigavam os heróis vencidos e os guerreiros virtuosos, que ali gozavam a felicidade eterna por graça dos deuses. Na época de Nostradamus, porém, os "Champs-Élysées" eram campos e jardins onde se instalava um mercado que abastecia Paris de produtos caseiros. Essas duas pistas, como veremos, são de crucial importância para a interpretação da quadra, que muitos erroneamente atribuíram a outras batalhas navais, inclusive Trafalgar.

O cabo São Vicente, em Portugal, localiza-se no extremo sudoeste da Europa e era consagrado aos deuses desde o Neolítico: de fato, gregos e romanos conheciam-no como o "promontório sagrado" e era tabu passar ali nem que fosse uma noite para não desafiar os oestrimínios (povo serpente), que faziam daquela terra no extremo oeste (ou *Finis Terræ*) sua morada.

Em 14 de fevereiro de 1797 (observe-se a perfeita correlação com a data do índice de Nostradamus), britânicos e espanhóis travaram ali uma batalha decisiva, cujo resultado foi manter os aliados espanhóis de Napoleão bloqueados em seus portos pelos anos seguintes (até a Paz de Amiens, em 1802) e provocar uma ruptura efetiva entre a França e a Espanha, o que frustrou os planos de longo prazo do imperador (dependentes da ajuda naval espanhola) de invadir a Grã-Bretanha.

A frota espanhola pretendia se juntar à francesa em Brest a fim de formar uma força à qual a esquadra britânica do Mediterrâneo, bem menor, não conseguisse se opor. Mas ventos de leste logo tiraram seus navios do curso. A frota britânica do Mediterrâneo, comandada por sir

John Jervis, aproveitou-se desse fato e, enquanto os espanhóis tentavam em vão encontrar seus aliados franceses ("desesperados, buscarão os Campos Elíseos"), Jervis, informado por Nelson da localização dos navios espanhóis (mas não de seu número), decidiu atacar – para descobrir no último instante, horrorizado, que o inimigo o superava na proporção de dois para um.

Nelson, pressentindo o desastre, resolveu desobedecer às ordens e, depois que a frota de Jervis dividiu a espanhola em duas ("a força naval se dividirá em três partes"), rompeu a formação e perseguiu a ala espanhola maior. Estava agora diante dos navios inimigos, oferecendo-lhes um alvo perfeito. Jervis – isso lhe deve ser positivamente creditado – compreendeu logo o plano de Nelson e não o impediu. O navio de Nelson, o *Captain*, tinha nada menos que seis belonaves espanholas atirando contra ele no pior momento da batalha; mas, nessa altura, ele fez uma coisa extraordinária: aproximou-se do *San Nicolás*, de 80 canhões, e abordou-o. Então, valendo-se do incrível espírito de iniciativa pelo qual tanto se distinguiria mais tarde, em Trafalgar, atravessou o convés do *San Nicolás* seguido por seus homens e caiu sobre o *San José*, de 112 canhões, que ficara embaraçado em seu cordame. Esse golpe, de cruzar um navio para tomar outro, logo ficou conhecido como "a ponte inventada por Nelson para abordar barcos inimigos" nos altos escalões de uma admirada e reconhecida Marinha Real.

Resumo

Nostradamus descreve, minuciosamente, a crucial vitória britânica no cabo São Vicente, que aliviou o povo inglês e interrompeu, de um golpe, os planos de Napoleão de invadir as Ilhas Britânicas.

TEMA
O CONSELHO DOS QUINHENTOS

DATA
1797

DATA DO ÍNDICE DE NOSTRADAMUS
97

NÚMERO DA CENTÚRIA
1

Ce que fer flamme n'a sceu paracheuer,
La doulce langue au conseil viendra faire,
Par repos, songe, le Roy sera refuer,
Plus l'ennemy en feu, sang militaire.

O que ferro e fogo não conseguiam completar
A língua melíflua da câmara do conselho conseguirá
Pelo sono e pelo sonho, o rei será negado
Quanto mais o inimigo estiver em fogo, sangue militar.

Predição

As pistas, aqui, são a câmara do "conselho" e a "negação" do rei, pois a data do índice, 97, nos leva a 1797 e ao expurgo dos realistas pelos republicanos no Conselho dos Quinhentos (*Conseil des Cinq-Cents*), durante a última fase da Revolução Francesa. Napoleão derrubou o Diretório (que incorporava o Conselho) com o golpe de Estado do 18 Brumário (segundo mês do calendário republicano), dois anos depois.

Resumo

Referência aos horrores da revolução e à queda definitiva dos realistas no Diretório de 1797.

Tema

PAPA PIO VI

Data

1797

Data do índice de Nostradamus

97

Número da centúria

2

Romain Pontife garde de t'approcher
De la cité qui deux fleuves arouse,
Ton sang viendras au pres de la cracher,
Toy et les tiens quand fleurira la rose

Pontífice romano, não te aproximes
Da cidade banhada por dois rios
Tu escarrarás sangue no lugar
Tu e os teus, quando a rosa florir.

Predição

Essa quadra lembra quase a tuberculose com as palavras "escarrarás sangue", juntamente com a imagem da "rosa florindo" (um lenço manchado de sangue?).

A data do índice, 97, nos leva diretamente ao âmago do assunto, que envolve o papa jesuíta Pio VI e seu algoz, Napoleão Bonaparte. As tropas deste haviam invadido a Itália em 1796, derrotando os exércitos pontifícios e ocupando Ancona e Loreto. Pio VI viu-se então obrigado a negociar em Tolentino, em 19 de fevereiro de 1797; mas uma rebelião das forças papais, no mesmo ano, deu ao general Berthier pretexto para entrar em Roma em 10 de fevereiro de 1798, ao mesmo tempo que Napoleão exigia o fim da autoridade temporal do papa.

O pontífice foi feito prisioneiro. Morreu seis semanas após chegar a Valência (que é de fato "banhada por dois rios", o Ródano e o Isère), em 29 de agosto de 1799.

Resumo

Uma quadra triunfal e com data precisa que pinta a queda de Pio VI, provocada por Napoleão.

Tema
A QUEDA DA REPÚBLICA DE VENEZA

Data
1797

Data do índice de Nostradamus
1

Número da centúria
4

Cela du reste de sang non espandu:
Venise quiert secours estre donné:
Apres avoir bien long temps attendu
Cité livrée au premier corn sonné.

O que sobrou do sangue não será derramado
Veneza busca ajuda que lhe possa ser dada
Após uma longa espera
A cidade é entregue ao primeiro som do clarim.

PREDIÇÃO

A data do índice, 1, tem uma diferença de quatro anos, pois a República de Veneza perdeu sua liberdade – após 1.070 anos de governo independente – para Napoleão Bonaparte em 12 de maio de 1797, quando suas terras foram divididas entre a França e a Áustria conforme os termos do Tratado de Campo Formio.

RESUMO

O Tratado de Campo Formio (1797) assinalou o fim da República de Veneza e o início da longa decadência dessa cidade.

Tema

NAPOLEÃO ESTENDE SUA REDE PELA EUROPA

Data

1797-1809

Data do Índice de Nostradamus

75

Número da Centúria

3

Pau, Verone, Vicence, Sarragousse
De glaives loings terroirs de sang humides:
Peste si grande viendra à la grand gousse
Proche secours, et bien loing remedes.

Pau, Verona, Vicência, Saragoça,
Espadas de terras distantes estão quentes de sangue
Grande peste virá para a grande concha
Ajuda próxima, remédios distantes.

PREDIÇÃO

França, Itália e Espanha – localizações geográficas sem dúvida dispersas! A data do índice é o problema aqui, pois as cidades só estiveram ligadas durante as Guerras Napoleônicas: Wellington deixou uma guarnição em "Pau", enquanto "Vicência" e "Verona" caíam sob o poder de Napoleão em 1797. "Saragoça" foi sitiada duas vezes por exércitos franceses, em 1808 e 1809, e rendeu-se em 21 de fevereiro de 1809.

RESUMO

A quadra se refere seguramente às Guerras Napoleônicas, embora a data do índice apresente uma diferença de vinte anos.

TEMA

NAPOLEÃO BONAPARTE I

DATA

1798

DATA DO ÍNDICE DE NOSTRADAMUS

1

NÚMERO DA CENTÚRIA

8

PAU, NAY, LORON plus feu qu'à sang sera.
Laude nager, fuir grand aux surrez.
Les agassas entree refusera.
Pampon, Durance les tiendra enferrez.

✳

Pau, Nay, Loron será mais fogo que sangue
Nadando orgulhoso, o grande homem se apressa
Rumo às encruzilhadas
Negará entrada às pegas
Pampon e Durrance as manterá presas.

– 91 –

PREDIÇÃO

O acrônimo óbvio "Pau, Nay, Loron", no primeiro verso, significa Napaulon Roy (Napoleão Rei – a pronúncia corsa de "Napoleão" é "Napauleone", com a segunda parte do nome aludindo a *leone*, leão). A indicação de que "será mais fogo que sangue" refere-se claramente à linhagem e caráter de Napoleão, que eram os de "soldado" ("fogo") e não os de "nobre" ("sangue"). Além disso, Napoleão nasceu sob um signo de "fogo", Leão (o leão – ver acima), fato que Nostradamus deve ter considerado dos mais relevantes. Napoleão tinha também Marte em Marte ou Marte em Virgem, dependendo de qual leitura astrológica seja adotada, mas ambas as situações explicam sua natureza belicosa e prática. "*Agassa*" é a palavra provençal para *pega* (um pássaro), *pie* em francês, e as duas pegas são os dois papas Pios (Pio VI e Pio VII) que Napoleão aprisionou e atormentou por todos os modos durante seu reinado, em 1798 (ver data do índice) e 1809, respectivamente. Pio VI morreu menos de um ano após sua deposição, enquanto Pio VII sobrevivia por mais tempo, apesar de passar mais de metade de seu pontificado em atrito com Napoleão, reivindicando a soltura de seus treze cardeais negros (Napoleão os privara de várias dignidades, inclusive das vestes vermelhas) e a devolução dos Estados Pontifícios, além de sua própria libertação do exílio.

RESUMO

Uma quadra que disseca com êxito e perspicácia a ancestralidade de Napoleão Bonaparte, descrevendo a essência do caráter daquele que, como nenhum outro, abalou o mapa político e emocional da França, chegando a ditar a própria forma que o Estado francês teria depois de sua morte.

TEMA

A BATALHA DO NILO

DATA

1798

DATA DO ÍNDICE DE NOSTRADAMUS

98

NÚMERO DA CENTÚRIA

1

Le chef qu'aura conduit peuple infini
Loing de son ciel, de meurs et langue estrange:
Cinq mil en Crete et Thessale fini,
Le chef fuiant sauvé en marine grange.

✳

O chefe que terá conduzido povo infinito
Para longe de seus céus, rumo a estranhos costumes e línguas
Cinco mil acabam em Creta e Tessália
O chefe fugitivo escapa num cargueiro.

Predição

O "povo infinito" é um dos eufemismos prediletos de Nostradamus para os franceses. A data do índice, 98, nos leva diretamente à campanha egípcia de Napoleão em 1798 ("Para longe de seus céus, rumo a estranhos costumes e línguas") e aos episódios que antecederam a batalha do Nilo: Napoleão, em sua nau capitânia *L'Orient*, com treze cruzadores, quatro fragatas e 280 barcos auxiliares, atracou em Creta a caminho do Egito ("Tessália/Iannina", sob Ali Paxá, era uma aliada desde o Tratado de Campo Formio, em 1797). Estando o exército francês em terra e a frota francesa ancorada, Nelson tomou a iniciativa de um ataque imediato. Só dois cruzadores e duas fragatas francesas, de um total de dezessete navios empenhados no combate, conseguiram escapar à fúria britânica, mas mesmo eles foram depois capturados, o que levou a uma mudança radical na situação do Mediterrâneo. A batalha foi um desastre para os franceses e um triunfo para o almirante Nelson (que, no entanto, recebeu mais um ferimento – dessa vez, foi golpeado acima de seu olho direito já cego e parte do couro cabeludo lhe caiu sobre o rosto, impedindo-o momentaneamente de enxergar). Napoleão estava no Egito à frente do exército quando soube que de 2 mil a "5 mil" de seus soldados tinham sido mortos ou feridos numa batalha que, de vários modos, prefigurava a de Trafalgar, em 1805: com efeito, o futuro almirante Villeneuve, que comandaria a esquadra francesa em Trafalgar, foi um dos poucos que escaparam do Egito, embora logo depois caísse prisioneiro em Malta.

Resumo

Uma quadra exata que descreve episódios anteriores e posteriores à batalha do Nilo, em 1798.

Tema

NAPOLEÃO INICIA UMA SÉRIE DE GUERRAS

Data

1798-1799

Data do índice de Nostradamus

4

Número da centúria

4

L'impotent Prince faché, plaincts et querelles.
De rapts et pilles, par coqz et par libyques:
Grand est par terre, par mer infinies voiles,
Seule Italie será chassant Celtiques.

O príncipe impotente está furioso, reclamações e querelas
Roubos e pilhagens por galos e líbios
O grande está preso em terra, no mar uma infinidade de velas
Só a Itália expulsa os celtas.

Predição

Os "galos" são os franceses; os "líbios", os otomanos – a data do índice pode apresentar uma diferença de seis anos, mas refere-se claramente à batalha do Nilo em 1º de agosto de 1798 [ver 1/98 – 1798: "A batalha do Nilo"], após a qual o exército de Napoleão se viu preso no Egito. "Só a Itália expulsa os celtas" alude ao rei Fernando IV de Nápoles, que corajosamente declarou guerra à França em 29 de novembro do mesmo ano e, com louvável otimismo, partiu para a ocupação de Roma. A França declarou guerra a Nápoles no dia 4 de dezembro, e os otomanos entraram em cena em fevereiro seguinte, declarando guerra por sua vez depois que Napoleão invadiu a Síria.

Resumo

A quadra se refere claramente aos acontecimentos de 1798-1799, quando todas as partes que nela aparecem entraram em guerra [ver 9/99 – 1799: "O sítio de Acre"].

TEMA

O ALMIRANTE SIR SIDNEY SMITH

DATA

1799

DATA DO ÍNDICE DE NOSTRADAMUS

85

NÚMERO DA CENTÚRIA

6

La grand cité de Tharse par Gaulois
Sera destruite, captifz tous à Turban:
Secours par mer du grand Portugalois,
Premier d'esté le jour du sacre Urban.

A grande cidade de Tarso será destruída
Pelos franceses e todos os que usam turbantes
serão capturados
Ajuda virá por mar, do grande português
O primeiro dia de verão será o dia de santo Urbano.

Predição

"O dia de santo Urbano" cai geralmente em 2 de abril, o que é um pouco cedo para o verão; mas o papa Urbano I também foi canonizado (seu dia festivo é 19 de maio, data mais próxima do verão).

Urbano ficou célebre por converter almas e talvez por isso é que Nostradamus o mencione, pois são Paulo Apóstolo (ou Saulo de Tarso, também famoso por converter almas) nasceu em "Tarso" (verso um), cuja destruição é tema da quadra.

Napoleão certamente passou por Tarso (que se situa na Turquia) durante sua campanha egípcia de 1799, mas foi em seguida contido pelos ingleses, sob o comando de sir Sidney Smith, e pelos turcos, liderados por Ahmed Jamzar Paxá [ver 9/99 – 1799: "O Sítio de Acre"].

Resumo

Napoleão disse certa vez do francófilo sir Sidney Smith: "Esse homem fez com que eu perdesse meu destino". A referência de Nostradamus ao "grande português" também diz respeito a Smith, que recebeu a Grã--Cruz da Torre e da Espada das mãos do príncipe regente português Dom João por salvar a família real portuguesa dos franceses em 1810.

TEMA

O SÍTIO DE ACRE

DATA

1799

DATA DO ÍNDICE DE NOSTRADAMUS

99

NÚMERO DA CENTÚRIA

9

Vent Aquilon fera partir le siege,
Par murs geter cendres, chauls et poussiere,
Par pluye apres qui leur fera bien piege,
Dernier secours encontre leur frontiere.

✳

O vento norte fará com que se levante o cerco
Arremessarão cinzas, cal e poeira das muralhas
Em seguida, a chuva piorará tudo
A última esperança de ajuda contra sua fronteira.

Predição

O sítio de Acre em 1799 [ver data do índice e 6/85 – 1799: "O almirante sir Sidney Smith"] marcou a virada da malsucedida invasão napoleônica do Egito e da Síria. As muralhas da cidade foram defendidas encarniçadamente por tropas otomanas, com os ingleses chefiados pelo comodoro sir Sidney Smith oferecendo forte apoio de artilharia. Acre era, em termos estratégicos, um ponto vital porque se localizava na rota entre o Egito e a Síria, e sua perda colocaria a Índia britânica ao alcance de Napoleão. A 10 de maio, doenças e mau tempo ("o vento norte" e "em seguida, a chuva") levaram ao fracasso o assalto final de Napoleão, que escreveu: "Se eu tivesse conseguido tomar Acre... me tornaria imperador do Oriente e voltaria a Paris por Constantinopla". As palavras "arremessarão cinzas, cal e poeira das muralhas" referem-se à antiga tática dos sitiados de jogar cal das ameias para cegar os sitiantes.

Resumo

A quadra alude sem dúvida nenhuma ao sítio de Acre, durante o qual as forças de Napoleão foram derrotadas, tendo em seguida de suportar o mau tempo, as doenças e as febres – elementos imprevistos que lhe custariam mais de 2 mil homens.

TEMA

O GOLPE DE ESTADO DE NAPOLEÃO

DATA

19 DE NOVEMBRO DE 1799

DATA DO ÍNDICE DE NOSTRADAMUS

99

NÚMERO DA CENTÚRIA

1

Le grand monarque que fera compaignie
Avec deux roys unis par amitié:
O quel souspir fera la grand mesnie:
Enfants Narbon à l'entour quel pitié!

O grande monarca que fará companhia
A dois reis unidos pela amizade
Oh, como a grande casa suspirará
Filhos das vizinhanças de Narbonne, que pena!

PREDIÇÃO

Essa parece a maneira com que Nostradamus encarou as consequências a longo prazo do golpe de Estado de Napoleão em 19 de novembro de 1799 (ver data do índice).

"Oh, como a grande casa suspirará" é sem dúvida uma descrição apropriada da substituição do Diretório pelo governo de um só homem, da distribuição ao acaso de reinos europeus a parentes e amigos ("dois reis unidos pela amizade" pode se referir ao grande número de monarcas que Napoleão instalou no trono), bem como dos dezesseis anos em que se alternaram os momentos gloriosos e os períodos de terror que Napoleão subsequentemente infligiu ao povo francês ("filhos das vizinhanças de Narbonne").

RESUMO

Quadra profética, que descreve os acontecimentos após o golpe de Estado de 1799, graças ao qual Napoleão Bonaparte assumiu pleno controle da França.

Tema

O FIM DA REVOLUÇÃO FRANCESA

Data

1800

Data do índice de Nostradamus

100

Número da centúria

8

Pour l'abondance de larme respandue
Du hault en bas par le bas au plus hault
Trop grande foy par ieu vie perdue,
De soif mourir par habondant deffault.

Graças à abundância de lágrimas vertidas
Pelo de alto nascimento com pena dos pobres, e vice-versa
Grandíssima fé – uma vida perdida no jogo
Morrer de sede em imensa penúria.

Predição

Há um notável paradoxo no último verso, como se a pessoa em questão estivesse morrendo de fome num celeiro – pois "morre de sede" a despeito das copiosas "lágrimas" que todos estão derramando uns pelos outros.

Trata-se de uma quadra de fim de século, é claro, e portanto de intenção geral, relacionando-se mais provavelmente a 1800 e aos dias que se seguiram à Revolução Francesa, durante a qual os direitos humanos foram ao mesmo tempo defendidos e falseados.

Resumo

Quadra de intenção geral que descreve o fracasso final do "jogo" antimonárquico dos franceses, os quais apenas substituíram um tirano sem energia por outro, mais eficiente, na pessoa de Napoleão Bonaparte.

TEMA

A CONQUISTA DA ITÁLIA POR NAPOLEÃO

DATA

1800-1809

DATA DO ÍNDICE DE NOSTRADAMUS

80

NÚMERO DA CENTÚRIA

9

Le Duc voudra les siens exterminer,
Envoyera les plus forts lieux estranges,
Par tyrannie Pize et Luc ruiner,
Puis les Barbares sans vin feront vendanges.

O Duque quererá exterminar seu próprio povo
Enviará os mais fortes para lugares remotos
Arruinará com sua tirania Lucca e Pisa
Depois, os bárbaros terão uma colheita de uvas sem vinho.

Predição

Napoleão atacou tanto "Lucca" (que fora uma democracia/oligarquia independente durante centenas de anos) e "Pisa" durante sua conquista da Itália, colocando ambas as cidades, tecnicamente, sob o controle de seu filho, Napoleão II, duque de Reichstadt (que também ostentava o título pomposo de rei de Roma). Nostradamus parece sugerir aqui que Napoleão, improvisando fronteiras supranacionais, acabou atiçando um ninho de vespas, deixando entrar os "bárbaros" como acontecera por ocasião do declínio e queda do Império Romano.

A data do índice, 80, nos oferece mais alguns problemas, pois a tomada de Lucca ocorreu em 1805, quando a cidade foi entregue à irmã de Napoleão, Elisa, duquesa de Lucca e grã-duquesa da Toscana, juntamente com Piombino (que "Pisa" tradicionalmente governara). Mas a comparação dos parentes frequentemente corruptos e venais de Napoleão com os antigos bárbaros de certa maneira é razoável, pois eles frequentemente espoliavam e saqueavam com impunidade.

Resumo

Nostradamus compara a conquista napoleônica da Itália com a dos bárbaros durante o declínio da antiga Roma. Sua imagem da "colheita de uvas sem vinho" é apropriada e reflete as devastações promovidas pela família de Napoleão contra boa parte da herança cultural italiana – quase toda inapelavelmente espalhada pelo mundo ou guardada no Louvre.

TEMA

O TRATADO DE AMIENS

DATA

27 DE MARÇO DE 1802

DATA DO ÍNDICE DE NOSTRADAMUS

2

NÚMERO DA CENTÚRIA

4

Par mort la France prendra Voyage à faire
Classe par mer, marcher monts Pyrenées,
Hespagne en trouble, marcher gent militaire:
Des plus grands dames en France emmenées.

A França empreenderá uma jornada por causa da morte
A frota no mar, e atravessando os Pireneus
Espanha atribulada, o exército a caminho
Grandes damas levadas para a França.

Predição

A assinatura do Tratado de Amiens em 27 de março de 1802 interrompeu por um curto tempo as guerras napoleônicas. Os principais signatários foram a França, a Grã-Bretanha, a Espanha e as Províncias Unidas. Concluíram-se vários acordos. Pouco mais de um ano depois, no entanto, a guerra entre a Grã-Bretanha e a França retomou seu curso inevitável, dessa vez envolvendo a Espanha como aliada dos franceses.

Resumo

Quadra de intenção geral que fala do Tratado de Amiens e suas consequências imediatas (e inevitáveis). A assinatura do tratado abriu a França de novo, por algum tempo, aos turistas britânicos da nobreza: "Grandes damas levadas para a França", inclusive as escritoras Maria Edgeworth e Fanny Burney.

Tema

RAVENA MUDA DE DONO

Data

1802-1814

Data do índice de Nostradamus

3

Número da centúria

9

La magna vaqua à Ravenne grand trouble,
Conduictz par quinze enserrez à Fornase
A Rome naistre deux monstres à teste Double
Sang, feu, deluge, les plus grands à l'espase.

Magnavacca, perto de Ravena, está em grande tribulação
Provocada por quinze prisioneiros de Fornese
Dois monstros de duas cabeças nascerão em Roma
Sangue, fogo, dilúvio, os maiores na luta.

PREDIÇÃO

"Magnavacca" ("grande vaca" em latim) era o nome de um porto perto de Ravena, hoje conhecido como Porto Garibaldi. *"Espase"*, no quarto verso, apresenta um problema dos mais sérios, pois pode significar "luta" (*espars*) ou "espaço" (*espace*).

A data do índice de Nostradamus, 3, vem em nosso auxílio, porém, uma vez que em 402 d.C. Ravena se tornou capital do Império Romano do Ocidente. Esse foi o ponto alto de sua história até que, 1.400 anos depois, em 1802, a cidade se viu anexada pela República Cisalpina de Napoleão e, em 1805, passou a integrar o Reino da Itália, de onde voltou às mãos do papa em 1814.

Os "monstros de duas cabeças nascidos em Roma" são, portanto, Napoleão (presidente e imperador) e Pio VII (bispo de Roma e papa).

RESUMO

A quadra relata a passagem de Ravena, na era napoleônica, de membro da República Cisalpina para parte do Reino da Itália e depois dos Estados Pontifícios. Mais tarde a cidade, ou outro lugar com o mesmo nome na Europa oriental, seria o provável lugar de nascimento do Terceiro Anticristo de Nostradamus.

TEMA

FERNANDO III

DATA

1803

DATA DO ÍNDICE DE NOSTRADAMUS

3

NÚMERO DA CENTÚRIA

5

Le successeur de la Duché viendra.
Beaucoup plus oultre que la mer de Toscane,
Gauloise branche la Florence tiendra
Dans son giron d'accord nautique Rane.

✷

O sucessor do ducado virá
De mais longe que o mar Toscano
Um ramo gaulês dominará Florença
Em seu regaço jaz um obsoleto acordo naval.

Predição

O grande "ducado" em questão é o da Toscana, que existiu de 1569 a 1859. O "ramo gaulês" do ducado chegou ao poder depois da queda dos Médicis em 1737, com a ascensão de Francisco Estêvão da Lorena. O neto de Francisco, Fernando III, foi expulso da Toscana por Napoleão após o Tratado de Aranjuez, fato que deu início a uma rápida série de andanças para o jovem, via Salzburgo e Würzburgo, culminando em sua volta à Toscana em 1814, após a primeira queda de Napoleão.

Resumo

A quadra relata as provações de Fernando III, obrigado a viajar de um lugar para outro em virtude das guerras napoleônicas, até acabar onde começara: na Toscana.

Tema

O IMPÉRIO DE NAPOLEÃO, FADADO À RUÍNA, COMPARADO COM O DA ANTIGA ROMA

Data

1804

Data do Índice de Nostradamus

4

Número da Centúria

6

Le Celtiq fleuve changera de rivaige,
Plus ne tiendra la cité d'Agripine:
Tout transmué ormis le vieil langaige,
Saturne, Leo, Mars, Cancer en rapine.

O rio celta mudará de margem
Não mais terá a cidade de Agripina
Tudo mudado, exceto a velha língua
Saturno, Leão, Marte e Câncer são pilhados.

Predição

Rios não "mudam de margem" nem de direção, portanto, estamos aqui diante de uma metáfora, com "celta", como sempre, significando "francês" e a "cidade de Agripina" sendo provavelmente Roma, que o grande general Marco "Agripa" Vipsânio embelezou com os despojos de suas vitórias em Ácio e Filipos (o Panteão, por exemplo, é parte desse imenso legado). Nostradamus, porém, nos deixa confusos ao insinuar que pouco restou da Roma de Agripa, exceto sua "velha língua".

Levando-se tudo isso em conta, a data do índice, 4, nos remete àquele que personifica Agripa, Napoleão Bonaparte, e à sua sagração como imperador, em Paris, pelo papa romano Pio VII, em 2 de dezembro de 1804. Num assomo de vanglória, o filho de Napoleão, Napoleão II, ficou conhecido desde o berço como rei de Roma – e ambos, pai e filho, estão sepultados no panteão de Paris, os Inválidos, pouco mais restando do império que tão desesperadamente cobiçaram.

Resumo

Quadra que compara as ambições de Napoleão Bonaparte às de Marco Agripa, com desvantagem para o primeiro. Os versos antecipam a ascensão de Bonaparte e a "transmutação" alquímica de longo prazo que isso provocou na França. (Saturno em Leão significa alquimia pessoal e Marte em Câncer implica acidez no estômago que, sob a forma de envenenamento por arsênico ou câncer, causou a morte de Napoleão.)

TEMA
NAPOLEÃO É COROADO IMPERADOR

DATA
26 DE MAIO DE 1805

DATA DO ÍNDICE DE NOSTRADAMUS
5

NÚMERO DA CENTÚRIA
9

Tiers doit du pied au premier semblera.
A un nouveau monarque de bas hault
Qui Pyse et Lucques Tyran occupera
Du precedant corriger le deffault.

O terceiro dedo se parecerá com o primeiro
De um novo monarca, alçado de baixo até o alto
O tirano ocupará Pisa e Lucca
E corrigirá as falhas de seu antecessor.

PREDIÇÃO

Isso se aplica unicamente, sem dúvida, a Napoleão Bonaparte, que a si mesmo se sagrou imperador na catedral de Milão em 26 de maio de 1805 (ver data do índice), com a coroa de ferro dos antigos reis da Lombardia. Nostradamus descreve Napoleão em minúcia, enfatizando que "foi alçado de baixo até o alto" (começou como tenente de artilharia e acabou como imperador), e ressalta corretamente que ele "tiranizou" a Itália, pondo fim a mil anos de independência veneziana e partilhando o país entre a França e a Áustria pelo Tratado de Campo Formio (1797). Nostradamus deve ter considerado o imperador Nero como o predecessor tirânico de Napoleão; e o comentário sobre Napoleão "corrigir as falhas de seu antecessor" deve ser visto como uma ironia – pois, filosoficamente falando, é impossível a um tirano corrigir as falhas de outro porque ambos são, por definição, tiranos.

RESUMO

Uma quadra brilhante, de data exata, que faz um incisivo jogo de palavras com o "dedo" da Itália e relaciona um tirano (dono do dedo) com outro: Nero e Napoleão (ambos, é preciso dizer, considerados anticristos por alguns).

TEMA
A HUMILHAÇÃO DE VENEZA POR NAPOLEÃO

DATA
26 DE DEZEMBRO DE 1805

DATA DO ÍNDICE DE NOSTRADAMUS
6

NÚMERO DA CENTÚRIA
4

D'habits nouveaux apres faicte la treuve,
Malice tramme et machination:
Premier mourra qui en fera la preuve
Couleur venise insidiation.

Vestem-se novas roupas após a trégua
Malícia, conspirações e maquinações
O primeiro a morrer é o que se pôs à prova
As cores venezianas são emboscadas.

Predição

Após a magnificência de seu século XVIII (o *settocento*), Veneza sucumbiu às maquinações de Napoleão Bonaparte na primeira metade do século XIX. Perdeu a independência depois de 1.070 anos em 12 de maio de 1797, tornando-se território austríaco cinco meses mais tarde conforme o Tratado de Campo Formio. Napoleão retomou a cidade ("as cores venezianas são emboscadas") em 26 de dezembro de 1805 (a data do índice de Nostradamus, 6, apresenta uma diferença de apenas seis dias), nos termos do Tratado de Pressburgo, e ela fez parte de seu Reino da Itália até 1814.

Resumo

Napoleão quase destruiu Veneza durante os dezessete anos em que esteve nominalmente no poder, transformando-a de um centro florescente e refinado de artes liberais em pouco mais que um destino turístico ocasional e arquitetonicamente em decadência. "Novas roupas", de fato.

Tema

A BATALHA DE TRAFALGAR

Data

21 DE OUTUBRO DE 1805

Data do índice de Nostradamus

5

Número da centúria

4

Croix, paix, soubz un accompli divin verbe,
L'Hespaigne et Gaule seront unis ensemble.
Grand clade proche, et combat tresacerbe:
Cœur si hardi ne sera qui ne tremble.

Cruz, paz sob uma perfeita palavra divina
Espanha e França unidas
Um grande desastre é iminente, e luta muito amarga
Mesmo o coração mais corajoso tremerá.

PREDIÇÃO

Considerando-se a data do índice, 5, e a frase improvável "Espanha e França unidas", essa quadra deve se referir à Guerra da Grande Aliança de 1805-1807 (para distingui-la das outras várias guerras da Grande Aliança), que uniu uma França poderosa sob Napoleão Bonaparte e uma Espanha fraca sob Carlos IV contra a Terceira Coalizão (Inglaterra, Portugal, Rússia e Áustria). Em 21 de outubro de 1805, o almirante Horácio Nelson derrotou as esquadras combinadas da França e da Espanha na batalha de Trafalgar, destruindo o poder naval francês para sempre. Há um engenhoso trocadilho, para os falantes de inglês, no verso quatro, com a palavra *"hardi"* (corajoso) – pois Nelson foi alvejado por um atirador de elite durante o confronto e suas últimas palavras ao comandante da nau capitânia, sir Thomas Hardy, foram: "Destino [*Kismet*], Hardy" (outros afirmam que Nelson disse "Beije-me [*Kiss me*], Hardy, mas isso é improvável dados os costumes que então prevaleciam na Marinha Real.

RESUMO

Uma quadra incrivelmente exata, com data perfeita, sobre a decisiva batalha de Trafalgar e suas consequências para a união improvável da França com a Espanha.

Tema

A ANEXAÇÃO, POR NAPOLEÃO, DA REPÚBLICA LIGURIANA DE GÊNOVA

Data

1805

Data do índice de Nostradamus

4

Número da centúria

8

Dedans Monech le coq sera receu,
Le Cardinal de France apparoistra
Par Logarion Romain sera deceu
Foiblesse à l'aigle, et force au coq naistra.

✳

O galo será recebido dentro de Mônaco
O cardeal francês aparecerá
O católico romano será ludibriado pela Ligúria
A águia se enfraquece, o galo se fortalece.

PREDIÇÃO

Gênova é a capital da "Ligúria" (que faz fronteira com "Mônaco"). Essa quadra, cuja data do índice é 4, nos leva diretamente a Napoleão Bonaparte e sua anexação de Gênova em 1805, que culminou na formação do Reino da Itália mais tarde nesse mesmo ano.

Napoleão nasceu na Córsega (que se tornara dependência de Gênova um ano antes); portanto, embora tecnicamente corso, ele era italiano pelos ancestrais. Gênova foi primeiro invadida por ele em 1797 e a República Liguriana, de vida curta, acabou anexada pela França (o "galo" é um símbolo francês e a "águia", o símbolo de Savona, que pertencia a Gênova) em 1805.

A referência ao "cardeal francês", no verso dois, poderia parecer imprópria, pois alude ao papa Pio VII, que sagrou Napoleão imperador, numa cerimônia grandiosa, em Paris (1804).

RESUMO

Uma quadra notavelmente exata – com todos os símbolos e nomes de lugar corretos – que descreve a queda da província de Gênova diante das forças de Napoleão Bonaparte em 1805.

TEMA

PREDIÇÃO DOS PLANOS FUTUROS
DE NAPOLEÃO BONAPARTE

DATA

1807

DATA DO ÍNDICE DE NOSTRADAMUS

7

NÚMERO DA CENTÚRIA

10

Le grand conflit qu'on appreste à Nancy,
L'aemathien dira tout ie soubmetz,
L'isle Britanne par vin, sel en solcy,
Hem. mi deux Phi. long temps ne tiendra Metz.

✸

A grande batalha sendo preparada em Nancy
O deus do sangue dirá a todos "Vou subjugar-vos"
As Ilhas Britânicas preocupadas com o vinho e o sal
Aqui! O que tem metade de duas filhas
não conservará Metz por muito tempo.

Predição

O último verso vem atormentando os comentadores há séculos, mas, se recorrermos a um dicionário suficientemente antigo (por exemplo, *Phraseological Dictionary*, de Tarver, 1849), tudo se torna muito simples. "*Hem*" é uma interjeição que significa "aqui" em francês antigo; "*mi deux*" quer dizer "metade de dois" e "*phi*" é uma palavra em código eufônica para "*filles*" (filhas), cujo som imita perfeitamente.

E quem tinha "metade de duas filhas" (isto é, duas filhas ilegítimas)? Napoleão Bonaparte, o "deus do sangue" (*haema*/sangue e *theos*/deus): Hélène, da condessa de Montholon (ver o capítulo intitulado "Os Anticristos de Nostradamus"), e Émilie, de Françoise-Marie LeRoy.

O ano de 1807 assistiu também ao bloqueio dos portos franceses pela esquadra britânica, no esforço para impedir navios de nações neutras de comerciar com a França ("as Ilhas Britânicas preocupadas com o vinho e o sal"), e à entrega de "Nancy" e "Metz" a Napoleão nos termos do Tratado de Tilsit (ver 6/7 – 1807).

Napoleão conservaria Metz por sete anos ("não conservará Metz por muito tempo"), até sua abdicação em 1814.

Resumo

Uma bela quadra que detalha um dos melhores anos de Napoleão, 1807, e a reação inglesa a seus planos de dominação europeia.

TEMA

O TRATADO DE TILSIT

DATA

1807

DATA DO ÍNDICE DE NOSTRADAMUS

7

NÚMERO DA CENTÚRIA

6

Norneigre et Dace, et l'isle Britannique,
Pars les unis frères seron vexées:
Le chef Romain issue de sang Gallique,
Et les copies aux forestz repoulsées.

✳

O Norte nevoento, a Dácia e as Ilhas Britânicas
São inquietados pelos irmãos unidos
O líder da Itália tem sangue francês
E os exércitos são repelidos das florestas.

Predição

Eis uma quadra magnífica, com data exata, que descreve o Tratado de Tilsit (1807) e suas consequências. Os "irmãos unidos" mencionados no verso dois são, é claro, os de Napoleão Bonaparte, cujo governo soberano foi especificamente reconhecido por esse tratado entre franceses, russos (o "Norte nevoento") e prussianos.

O documento foi assinado numa balsa no rio Neman e concedeu efetivamente a Napoleão todas as terras entre o Reno e o Elba (os "exércitos repelidos das florestas"). O "líder da Itália que tem sangue francês" era José Bonaparte, rei da Espanha, Nápoles e Sicília; Luís Bonaparte reinava na Holanda e Jerônimo, na Westfália – os "irmãos unidos", portanto.

Resumo

O Tratado de Tilsit (1807), pelo qual Napoleão aceitou o tsar Alexandre I como mediador na negociação de uma paz em separado com as "Ilhas Britânicas".

TEMA

NAPOLEÃO BONAPARTE INVADE A ESPANHA

DATA

1808

DATA DO ÍNDICE DE NOSTRADAMUS

8

NÚMERO DA CENTÚRIA

3

Les Cimbres ioints avecques leurs voisins,
Depopuler viendront presque l'Hespaigne:
Gents amassés Guienne et Limosins
Seront en ligue, et leur feront compaignie.

Os cimérios unidos a seus primos
Dizimarão quase toda a Espanha
As pessoas se juntarão na Guienne e no Limousin
Agirão de comum acordo e lhes farão companhia.

Predição

Os "cimbros" eram conhecidos pelos antigos gregos como "cimérios", cavaleiros nômades de uma região ao norte do Cáucaso e do mar Negro, onde é hoje a Rússia e a Ucrânia. O último registro histórico deles é de 515 d.C., sendo então de presumir que Nostradamus esteja empregando seu nome em sentido figurado.

Se não fosse pela data do índice, 8, seríamos tentados a ir diretamente para a Guerra Civil Espanhola e para a intervenção russa ao lado dos republicanos (a antiga "Guienne" cobria também uma parte da Aquitânia e da Gasconha, onde foi grande a atividade republicana, com voluntários se reunindo ali antes de cruzar a fronteira. Limoges, no "Limousin", era igualmente um ponto de reunião dos legalistas espanhóis (sabemos, por exemplo, que 26 deles foram mortos durante o massacre alemão em Oradour-sur-Glane, em 1944).

Mas temos de nos haver ainda com a data do índice, 8. Ela se refere à invasão napoleônica da Espanha com 70 mil homens, em janeiro de 1808? Após onze meses de idas e vindas, Napoleão regressou com 150 mil homens em dezembro do mesmo ano, dando início à Guerra Peninsular de 1808-1814.

Resumo

Napoleão Bonaparte usou a proteção das costas espanholas contra os britânicos como pretexto para a invasão de janeiro de 1808. Depois de seis meses, colocou seu irmão José no trono, provocando com isso um levante popular que se transformaria na Guerra de Independência Espanhola.

Tema

MUDANÇA DE REGIME NA ESPANHA

Data

1808

Data do índice de Nostradamus

8

Número da centúria

6

Ceulx qui estoient en regne pour scavoir,
Au Royal change deviendront apouvris:
Uns exiles sans appuy, or n'avoir,
Lettrés et lettres ne seront à grand pris.

Os que estiverem no reino por conta de seu saber
Ficarão pobres quando ocorrer a mudança real
Alguns serão exilados, sem influência nem dinheiro
Erudição e eruditos não valerão muita coisa.

PREDIÇÃO

A mudança de regime num ano assinalado pelo número 8 nos leva a 1808 e aos altos e baixos por que passa a Espanha. Napoleão Bonaparte, valendo-se como pretexto da ameaça do poder marítimo britânico, ocupara boa parte do país e forçara a abdicação, primeiro do rei Carlos IV, depois de seu filho, Fernando VII.

Em maio, Napoleão nomeou seu irmão José rei da Espanha, provocando com isso o levante popular de 2 do mesmo mês (imortalizado no quadro de Francisco Goya). Os defensores do antigo regime foram então presos ou exilados, apressando-se assim a Guerra de Independência Espanhola de 1808-1814 (ver 1/8 – 1808).

RESUMO

Napoleão invadiu a Espanha e dominou o país com mão de ferro de 1808 a 1814.

Tema

A GUERRA DE INDEPENDÊNCIA ESPANHOLA

Data

1808

Data do índice de Nostradamus

8

Número da centúria

1

Combien de foys prinse cité solaire
Seras, changeant les loys barbares et vaines.
Ton mal s'approche: Plus seras tributaire
La grand Hadrie reourira tes veines.

Quantas vezes a cidade do sol será tomada
Sê-lo-á de novo, suas leis mudadas inutilmente por bárbaros
Teu mau dia se aproxima: não serás apenas escravizada
O grande Adriano reabrirá tuas veias.

Predição

A Puerta del Sol (porta do "sol") foi um dos principais pontos de encontro de Madri por centenas de anos. Fazia parte, originalmente, das muralhas urbanas do século XV e recebeu esse nome da imagem do sol nascente que decorava sua fachada leste. Joaquim Murat, o comandante das forças napoleônicas, entrou na cidade por essa porta, em 26 de março de 1808, e forçou a abdicação do rei Carlos IV. Tecnicamente, o filho mais velho de Carlos, Fernando VII, substituiu-o, mas também ele foi obrigado a abdicar apenas dois meses depois pelos conquistadores franceses.

Napoleão Bonaparte revelou então seu plano secreto: colocar o próprio irmão, José, no trono da Espanha. Esse ato provocou a revolta do povo, que conduziu diretamente à Guerra Peninsular (ou Guerra de Independência Espanhola, 1808-1814). O levante inicial foi finalmente esmagado pelo marechal Murat ao custo de 150 vidas francesas. Enfurecido, Murat ordenou represálias em grande escala e, no dia seguinte, 3 de maio, centenas de cidadãos espanhóis foram fuzilados. O pintor espanhol Francisco Goya imortalizou a cena da colina Príncipe Pío em seu quadro *O Três de Maio de 1808* – uma imagem sem paralelo do Anticristo.

Outra conexão espanhola pode ser entrevista no número da centúria: o imperador romano "Adriano" nasceu em Itálica (perto de Sevilha), uma colônia romana na Espanha, a 24 de janeiro de 76 d.C.

Resumo

A "cidade do sol" é Madri, invadida e tomada pelo exército francês de Napoleão em 1808. Esse ato e suas consequências foram responsáveis diretos pelo início da Guerra de Independência Espanhola, na qual Espanha, Portugal e Reino Unido se aliaram, com êxito, contra a França napoleônica.

TEMA

O PRYTANÉE NATIONAL MILITAIRE

DATA

1808

DATA DO ÍNDICE DE NOSTRADAMUS

10

NÚMERO DA CENTÚRIA

7

Par le grand Prince l'imitrophe du Mans,
Preux et vaillant chef de grand exercite:
Par mer et terre de Gallotz et Normans,
Caspre passer Barcelone pillé isle.

Pelo grande Príncipe nas fronteiras de Le Mans
Bravo e valente chefe do grande exército
Por terra e mar bretões e normandos de fala francesa
O bode passará Barcelona e pilhará a ilha.

PREDIÇÃO

La Flèche situa-se ao sul da região francesa do Loire, a apenas 21 km de "Le Mans". Em 1808, Napoleão Bonaparte instalou ali a escola militar do Prytanée, transformando a instituição original, fundada por Henrique VI em 1604, numa das seis grandes academias militares da França.

RESUMO

Quadra de intenção muito geral, relacionada provavelmente à fundação da academia militar do Prytanée, por Napoleão, nas imediações de Le Mans.

Tema

NAPOLEÃO BONAPARTE E CIPIÃO, O AFRICANO

Data

1808

Data do índice de Nostradamus

8

Número da centúria

8

Pres de linterne dans de tonnes fermez,
Chivaz fera pour l'aigle la menee,
L'esleu cassé luy ses gens enfermés,
Dedans Turin rapt espouse emmenee.

Perto de Linterno, fechado em barris
Chivasso fará seu jogo com a águia
O eleito é exilado, seu povo aprisionado
Sua esposa raptada é conduzida a Turim.

PREDIÇÃO

"Linterno", na Campânia, é a terra natal de Cipião, o Africano, e "Chivasso" situa-se ao norte da Itália, perto de Turim. Cipião, sentindo-se subestimado pelos romanos depois de sua vitória sobre Aníbal, ordenou que seus ossos permanecessem em Linterno. É famoso também por ter-se recusado a violentar uma princesa levada à sua tenda após a queda de Nova Cartago; devolveu-a aos pais, com presentes de casamento para seu noivo.

Nostradamus parece comparar essas ações (bem conhecidas dos leitores versados em literatura clássica) com o comportamento de outro conquistador que, graças à data do índice, 8, acreditamos ser Napoleão Bonaparte – o qual, como se sabe, adotou a "águia" dourada dos romanos como símbolo do novo império francês.

RESUMO

Nostradamus compara desfavoravelmente Napoleão Bonaparte a Cipião, o Africano.

Tema

NAPOLEÃO BONAPARTE II

Data

1809

Data do índice de Nostradamus

9

Número da centúria

2

Neuf ans le regne le maigre en paix tiendra,
Puis il cherra en soif si sanguinaire:
Pour luy grand peuple sans foy et loy mourra
Tué par un beaucoup plus debonnaire.

O magro reinará em paz por dez anos
Depois se apaixonará com sede sanguinária
O povo sem leis nem fé morrerá por causa dele
Será morto por um homem mais afável.

Predição

Essa quadra é sobre Napoleão Bonaparte (o "Pequeno Caporal"), que reinou como imperador da França por um período de nove anos e quatro meses (foi coroado a 2 de dezembro de 1804 e abdicou a 6 de abril de 1814).

O ano de 1809 (ver data do índice) assistiu à vitória de Wellington em Talavera e ao divórcio de Napoleão de seu primeiro grande amor, Josefina de Beauharnais, que aceitou a situação por não poder lhe dar um filho e herdeiro. Três anos depois, Napoleão invadiu a Rússia ("o povo sem leis nem fé") e sua derrota, que lhe apressaria a morte em 1821, em Santa Helena, foi de novo causada, dessa vez em Waterloo, em 1815, pelo duque de Wellington – um homem mais "afável" e presumivelmente mais "cavalheiresco" que Napoleão.

Resumo

Mil oitocentos e nove foi um ano decisivo para Napoleão Bonaparte. Ele não só se divorciou de Josefina de Beauharnais como sofreu sua primeira derrota na batalha de Aspern (ver 9/9 – 1809: "A batalha de Aspern"), logo seguida pela de Talavera.

Tema
NAPOLEÃO ANEXA OS ESTADOS PONTIFÍCIOS
Data
1809

Data do índice de Nostradamus
9

Número da centúria
6

Au sacres temples seront faicts escandales,
Comptés seront par honneurs et louanges:
D'un que on grave d'argent dor les medalles,
La fin sera en tourmens bien estranges.

Escândalos ocorrerão nos templos sagrados
Serão considerados honrosos e dignos de elogios
Daquele para quem medalhas de ouro
e prata foram cunhadas
O fim será cercado de estranhos tormentos.

– 139 –

Predição

Essa quadra se refere, de maneira muito clara, aos eventos que se seguiram à anexação dos Estados Pontifícios, em 1809, por Napoleão Bonaparte, como a prisão do papa Pio VII. Napoleão ("aquele para quem medalhas de ouro e prata foram cunhadas") morreria doze anos depois, em 1821, agonizando com câncer do estômago ou envenenamento por arsênico ("o fim será cercado de estranhos tormentos"). Nostradamus, que era um rígido católico, teria considerado qualquer das hipóteses um castigo merecido, dadas as ações do imperador em 1809.

Resumo

A anexação dos Estados Pontifícios em 1809, por Napoleão Bonaparte, e a prisão por ele determinada do papa Pio VII, por cinco anos.

TEMA

A BATALHA DE ASPERN

DATA

1809

DATA DO ÍNDICE DE NOSTRADAMUS

9

NÚMERO DA CENTÚRIA

9

Quand lampe ardente de feu inextinguible
Sera trouvé au temple des Vestales,
Enfant trouvé feu, eau passant par crible:
Perir eau Nymes, Tholose cheoir les halles.

Quando o fogo inextinguível das lâmpadas incandescentes
For encontrado no templo das vestais
A criança arderá, a água passando pela peneira
Nîmes perecerá na água, os mercados de Toulouse ruirão.

Predição

O trabalho das "vestais" virgens era manter acesa a chama sagrada da deusa do lar, Héstia: enquanto isso acontecesse, Roma prosperaria.

Nostradamus antevê uma época em que as chamas francesas são arrebatadas pelo dilúvio e se voltam contra aquele que as mantém ("a criança arderá"). As sementes disso foram plantadas em 1809, na batalha de Aspern, em que Napoleão sofreu sua primeira derrota em terra (antes, sofrera outras no mar). Seis anos depois, perdia a França.

Resumo

Nostradamus vê as letras de fogo na parede, quando a luz das vestais francesas começa a esmorecer.

TEMA

A HEGEMONIA NAPOLEÔNICA

DATA

1810

DATA DO ÍNDICE DE NOSTRADAMUS

10

NÚMERO DA CENTÚRIA

6

Un peu de temps les temples de couleurs
De blanc et noir des deux entre meslee:
Roges et iaunes leur embleront les leurs,
Sang, terre, peste, faim, feu, d'eaue affollee.

Não tardará muito e templos de cores diferentes
Branca e preta se misturarão um ao outro
Os vermelhos e amarelos assombrarão o povo
Sangue, terra, peste, fome, fogo, loucura.

PREDIÇÃO

Essa é uma quadra de vocabulário vigoroso que chega a empregar o eufemismo "enlouquecido pela água", no verso quatro, para descrever a praga terrível que subverterá a ordem estabelecida. A data do índice, 10, nos leva a 1810 e ao auge do poder aparentemente inabalável de Napoleão Bonaparte, que por essa época conseguiu anexar boa parte da Europa, transformando-a em um enclave pessoal governado por parentes e amigos.

RESUMO

Uma quadra napoleônica que detalha as cores dos diferentes países da ordem europeia abalada.

TEMA

A GUERRA PENINSULAR

DATA

1811

DATA DO ÍNDICE DE NOSTRADAMUS

11

NÚMERO DA CENTÚRIA

1

Le mouvement de sens, cœur, pieds et mains,
Seront d'accord. Naples, Leon, Secille,
Glaisves, feus, eaux: puis aux nobles Romains
Plongés, tués, mors par cerveau debile.

✳

Os movimentos dos sentidos, coração, pés e mãos
Estarão em harmonia. Nápoles, Leon, Sicília
Espadas, fogo, água: então os nobres romanos
São afogados, assassinados, mortos pela debilidade mental.

Predição

Aqui, a pontuação é interessante, já que raramente Nostradamus usa ponto ou vírgula no meio de um período: está sem dúvida tentando nos transmitir algo e a repetição a que recorre apenas reforça o aspecto admonitório da quadra.

Estamos, pois, diante de uma advertência e sua menção de "harmonia" no verso dois sugere um significado alquímico, tanto quanto puramente físico. A data do índice, 11, apontaria para a Guerra Peninsular de 1807-1814, durante a qual os franceses comemoraram a vitória do imperador em Austerlitz (1805) erigindo uma grande coluna na Place Vendôme onde se via Napoleão ("Naples/Leon") representado como Júlio César ("então os nobres romanos").

Um ano depois, em 1811, a já longa Guerra Peninsular assistia ao começo do fim das ambições europeias da França, com as forças napoleônicas sendo derrotadas em Fuentes d'Oñoro, em Portugal, e em Albuera, na Espanha (ver 10/11 – 1811: "A batalha de Albuera"). Essas derrotas, agravadas pela desastrosa invasão da Rússia em 1812, pressagiavam outras vitórias de Wellington.

Resumo

A quadra pode ser dividida em três partes, mais ou menos equivalentes ao yin, ao yang e à concatenação de ambos. Uma é harmonia; outra, desarmonia; e a do meio constitui o fulcro. Segundo Nostradamus, há uma escolha a fazer: Napoleão, de quem obviamente sabemos que se fala graças à data do índice e à elisão eufônica de "Nápoles/Leon", é a escolha errada.

Tema
A BATALHA DE ALBUERA

Data
1811

Data do índice de Nostradamus
11

Número da centúria
10

Dessoubz lonchere du dangereux passage
Fera passer le posthume sa bande,
Les monts Pyrens passer hors son bagaige
De Parpignam courira duc à tende.

A aposta secreta na passagem perigosa
Permite ao póstumo fazer atravessar seu bando
Eles cruzam os Pireneus sem as bagagens
De seu combate parcial o duque correrá a ajudá-los.

Predição

Tanto "*dessous*" quanto "*enchère*", no verso um, se relacionam a apostas, leilões e ofertas secretas. Um *dessous* é um dinheiro pago por baixo da mesa e uma *enchère* é um lance que cobre outro. Assim, temos um lance alto, mas sub-reptício, que descreve brilhantemente a artimanha empregada pelos franceses na tomada inicial de Barcelona em 29 de fevereiro de 1808, quando as forças napoleônicas invasoras se disfarçaram de comboio de homens feridos.

Isso acarretou a intervenção inglesa seis meses mais tarde. A data do índice, 11, nos fornece a próxima pista, levando-nos a maio de 1811 e ao meio da Guerra Peninsular, quando o duque de Wellington conquistou uma série de vitórias sobre os franceses em Fuentes d'Oñoro, Portugal, e Albuera, Espanha (ver 1/11 – 1811: "A Guerra Peninsular").

Resumo

A despeito da enorme superioridade numérica dos franceses, a Guerra Peninsular começou a ir de mal a pior para eles em 1811, graças ao aumento das atividades de guerrilha e à tática de terra arrasada seguida pelos habitantes portugueses e espanhóis, auxiliados pelos ingleses.

TEMA
NAPOLEÃO I CONSERVA VERONA

DATA
1812

DATA DO ÍNDICE DE NOSTRADAMUS
12

NÚMERO DA CENTÚRIA
1

Dans peu dira faulce brute, fragile,
De bas en hault eslué promptement:
Puys en instant desloyale et labile,
Qui de Veronne aura gouvernement.

Em pouco tempo um falso bruto falará, frágil
Será erguido rapidamente até o alto
Então, num instante, desleal e imperfeito
Aquele que governa Verona.

Predição

Tendo em mente a data do índice, 12, essa quadra se refere com quase certeza ao ir e vir de Verona sob Napoleão I e os austríacos entre 1797 e 1814. Napoleão ainda controlava a cidade em 1812 (depois de ser expulso em 1798), mas iria perdê-la de novo após sua derrota em 1814. Nostradamus, monarquista e católico fiel, não devia gostar nada do grande homem e sua expressão "falso bruto" pode muito bem resumir sua opinião, ao mesmo tempo que aponta dois elementos-chave do Anticristo.

Resumo

Tomada e manutenção de Verona por Napoleão I.

Tema

O ABADE DE FOIX E OS BONAPARTES

Data

Fevereiro de 1812

Data do índice de Nostradamus

12

Número da centúria

8

Apparoistra aupres de Buffalorre
L'hault et procere entré dedans Milan
L'abbé de Foix avec ceux de saint Morre
Feront la forbe abillez en vilan.

Ele aparecerá perto de Buffalora
O grande, o alto entrou em Milão
O abade de Foix está com os de Saint-Maur
Agirão como piratas, vestidos de camponeses.

Predição

Fato interessante, até a Revolução, o "abade de Foix" era o único dono do castelo de Savignac-les-Ormeaux, que em fevereiro de 1812 (ver data do índice) foi requisitado pelos espanhóis (estes ocupavam então Ax-les-Thermes, a poucos quilômetros estrada abaixo). O "grande, o alto" pode se referir desse modo ao "arrivista" Napoleão, que entrara em Milão para ser coroado a 8 de maio de 1805 e fora sem dúvida responsável pelo confisco de Savignac por parte dos espanhóis.

Napoleão III, porém, foi o único Bonaparte a ter algo a ver diretamente com "Buffalora" (aldeia situada na principal estrada de Milão, onde cruza a Naviglio Grande), pois suas tropas combateram por sua posse na batalha de Solferino, em 24 de junho de 1859. Talvez fosse conveniente mencionar aqui que Napoleão III era bem mais alto que seu tio, Napoleão Bonaparte; mas, ainda assim, essa quadra é das mais intrigantes.

Resumo

É difícil encontrar um vínculo qualquer entre o abade de Foix e a família de Napoleão, exceto marginalmente: o confisco da antiga propriedade do abade pelos espanhóis, como resultado direto da Guerra Peninsular de 1808-1814, provocada por Napoleão.

Tema

AS BATALHAS DE VITÓRIA E LEIPZIG

Data

1813

Data do índice de Nostradamus

13

Número da centúria

4

De plus grand perte nouvelles raportées,
Le raport fait le camp s'estonnera:
Bandes unies encontre revoltées,
Double phalange grand abandonnera.

Chegam notícias de perdas ainda maiores
O exército fica aturdido ao ouvir o relatório
Grupos unidos contra os rebeldes
O grande abandonará a dupla falange.

PREDIÇÃO

O "grande" é Napoleão; o ano, 1813 (ver data do índice), crucial na era napoleônica. Em junho, o imperador recebe a notícia da derrota estrondosa de seu exército peninsular na batalha de Vitória, Espanha, ganha pelo comandante britânico Arthur Wellesley (mais tarde, duque de Wellington). No mesmo ano, de 16 a 19 de outubro e em consequência de uma desastrosa mudança de tática ("o grande abandonará a dupla falange"), o próprio Napoleão é vencido na batalha de Leipzig (também chamada de batalha das Nações).

RESUMO

O ano de 1813 foi funesto para Napoleão e culminou na catastrófica derrota em Leipzig.

Tema

JEAN-BAPTISTE BERNADOTTE

Data

1813

Data do índice de Nostradamus

13

Número da centúria

8

Le croisé frere par amour effrenee
Fera par Praytus Bellerophon mourir,
Classe à mil ans la femme forcenee
Beu le breuvage, tous deux apres perir.

O irmão cruzado ama sem obstáculos
Tentará fazer com que Preto mate Belerofonte
A mulher louca e o exército de mil anos
Bebem a poção e ambos perecem mais tarde.

PREDIÇÃO

Essa quadra contém alusões à mitologia grega, conforme vemos pela menção de "Belerofonte" e "Preto". Falsamente acusado pela rainha Estenebeia de tentar seduzi-la, Belerofonte é condenado à morte pelo marido dela, o rei Preto, e pelo pai, Iobates, rei da Lícia. Enviado em missões suicidas, sobrevive a todas até ser picado pelo moscardo de Zeus ao tentar, orgulhoso de tantos triunfos, voar no cavalo alado Pégaso até o alto do Olimpo.

Napoleão seria Preto e Jean-Baptiste Bernadotte, Belerofonte? Ou vice-versa? De qualquer modo, os dois tinham um relacionamento tempestuoso. Napoleão começou por promover Bernadotte a marechal de França e depois o colocou no ostracismo. Bernadotte então surpreendeu Napoleão ao ser eleito herdeiro do trono da Suécia por militares agradecidos e imediatamente jurou lealdade a seu país adotivo. Temendo o orgulho cada vez mais desenfreado de Napoleão, Bernadotte promoveu a aliança dos suecos, em 1813, com os inimigos do imperador, impedindo o marechal Ney de tomar Berlim na batalha de Dennewitz e tornando-se, em seguida, um dos mais implacáveis adversários de seu antigo senhor.

RESUMO

O difícil relacionamento entre Jean-Baptiste Bernadotte e Napoleão Bonaparte é sempre fascinante. Bernadotte se revelou com o tempo um dos adversários mais ferrenhos de Napoleão, e os descendentes dele (apesar da tatuagem que trazia de sua fase jacobina com os dizeres "Morte aos reis!") ainda conservam o trono da Suécia.

Tema

OS ALIADOS AVANÇAM PELA FRANÇA

Data

10 de novembro de 1813

Data do Índice de Nostradamus

13

Número da centúria

9

Les exilez autour de la Soulongne
Conduis de nuit pour marcher à Lauxois,
Deux de Modene truculent de Bologne,
Mys descouvers par feu de Burançoys.

Os exilados em torno de Sologne
São conduzidos de noite para Auxois
Dois de Módena são truculentos com Bolonha
Meio descobertos pelo fogo em Buzançais.

Predição

O "Auxois" é um corcel de guerra, originalmente de raça borguinhona, parecendo assim que aqui se fala de uma batalha onde há mercenários (os "exilados"). Nostradamus talvez aluda à invasão da França por Arthur Wellesley, que derrotou o marechal Soult em Toulouse em 10 de novembro de 1813 (ver data do índice). A ruína de Napoleão na verdade começara um pouco antes, com sua derrota na batalha de Leipzig (16 a 19 de outubro), para se completar na primavera do ano seguinte, com a entrada dos Aliados em Paris.

Resumo

O ano de 1813 assistiu ao início do fim para Napoleão Bonaparte: seis meses após sua derrota em Leipzig, o único pedaço de terra europeia que ele teve autorização para governar foi a ilha de Elba.

Tema
O DUQUE DE WELLINGTON

Data
1816

Data do índice de Nostradamus
16

Número da centúria
3

Le prince Anglois Mars à son cœur de ciel
Voudra poursuivre sa fortune prospere,
Des deux duelles l'un percera le fiel:
Hay de lui, bien aymé de sa mere.

O príncipe inglês com Marte em seu coração celestial
Quererá seguir um destino próspero
De dois duelos, um perfurará a vesícula
Odiado por ele, bem-amado de sua mãe.

Predição

O duque de Wellington era considerado tamanho fracasso por sua mãe, a condessa de Mornington, que ela desabafou certa vez: "Juro por Deus que não sei o que fazer com meu desajeitado filho Arthur". A condessa preferia, de longe, os dois irmãos mais velhos dele.

O Duque de Ferro ("Marte" era o deus da guerra) travou um célebre duelo em 1829 com lorde Winchilsea, no qual ambos dispararam para cima. Seu outro duelo, é claro, foi com Napoleão Bonaparte na batalha de Waterloo em 1815, onde o imperador teve ao mesmo tempo a "vesícula" (*gall*, *Gaul*, "Gália", isto é, a França) "perfurada" e foi derrotado. Napoleão morreu de câncer no estômago (a vesícula, *gall*, de novo).

Resumo

Com a data de 1816, apenas um ano depois da vitória do duque de Wellington em Waterloo, Nostradamus descreve os dois duelos da vida de Wellesley, além de um desabafo de sua mãe.

TEMA

O REINO DA LOMBARDIA-VENÉCIA

DATA

1816

DATA DO ÍNDICE DE NOSTRADAMUS

16

NÚMERO DA CENTÚRIA

6

Ce qui ravy sera du ieune Milve,
Par les Normans de France et Picardie:
Les noirs du temple du lieu de Negrisilve,
Feront aulberge et feu de Lombardie.

✳

Aquela que é assolada pelo jovem Falcão
Pelos normandos da França e da Picardia
Os negros do templo na Floresta Negra
Farão da Lombardia albergue e lareira.

Predição

A quadra fala provavelmente da restauração do governo austríaco na Lombardia após a derrota de Napoleão na batalha de Waterloo em 1815 (os "negros do templo da Floresta Negra" são os prussianos de uniformes pretos que em parte foram responsáveis pela vitória dos Aliados).

Um Estado pequeno e precário surgiu então, o reino da "Lombardia-Venécia", anexado pelo reino da Itália meio século depois, em 1866.

Resumo

Napoleão foi o "jovem Falcão" que assolou a Lombardia com seus "normandos da França e da Picardia", mas já era um falcão velho e cansado quando sucumbiu em Waterloo, episódio após o qual a Lombardia caiu de novo sob o domínio austríaco.

Tema

A MORTE DE NAPOLEÃO BONAPARTE

Data

5 de maio de 1821

Data do índice de Nostradamus

21

Número da centúria

5

Par le trespas du monarque latin,
Ceux qu'il aura par regne secouruz:
Le feu luyra, divisé le butin,
La mort publique aux hardis incoruz.

Graças à morte do monarca latino
Aqueles que ele terá protegido durante seu reinado
O fogo brilhará cada vez mais, os despojos serão divididos
A morte pública para os corajosos e incorruptíveis.

Predição

A data do índice, 21, nos leva diretamente à morte do ex-imperador da França e rei da Itália, Napoleão Bonaparte ("o monarca latino"), em 5 de maio de 1821 na ilha de Santa Helena, Atlântico Sul. Seus seguidores ("aqueles que ele terá protegido") sofreram bastante depois disso (os interessados poderão assistir ao filme de Ridley Scott, *Os Duelistas*, para ter um panorama surpreendentemente exato da França pós-napoleônica), embora o "fogo" de Napoleão de fato "brilhasse cada vez mais", sobretudo na Inglaterra, onde ele passou da condição de inimigo odiado à de um verdadeiro herói, em consequência do desencanto do povo com o governo reacionário de lorde Liverpool no pós-guerra.

Resumo

Nessa quadra, data e detalhes são bastante acurados. Ela descreve a morte de Napoleão Bonaparte na ilha inglesa de Santa Helena.

Tema

A EXUMAÇÃO DE NAPOLEÃO BONAPARTE

Data

1840

Data do índice de Nostradamus

43

Número da centúria

1

Avant qu'advienne le changement d'empire,
Il adviendra un cas bien merveilleux,
Le champ mué, le pilier de porphyre,
Mis, translaté sus le rochier noilleux.

Antes da mudança de império
Um fato maravilhoso ocorrerá
O campo mudará, um pilar de pórfiro
Será colocado ali, transformando o
que jaz sob a rocha pétrea.

Predição

A palavra *noyau* (cuja pronúncia, em francês antigo, é semelhante a *noilleux*), aplica-se também a "rocha", o que dá "rocha-rocha" ou "núcleo rochoso". Há aí, também, uma alusão astronômica, pois *le noyau d'une comète* é "o núcleo de um cometa". Essa sugestão espacial é perceptível pelo uso que Nostradamus faz da palavra "maravilhoso" no verso dois, implicando algo fora do comum ou distante do cotidiano.

"Pórfiro" é um tipo de rocha ígnea muito dura e vermelha (a cor da realeza), portanto a cor também dos impérios. O imperador legítimo (e não o que chegava ao poder graças a um golpe) era chamado de *porphyrogenitus* e sepultado com vestes vermelhas. Essa ideia foi retomada pelos bonapartistas que exumaram o corpo de Napoleão I de Santa Helena em 1840 e pretendiam depositá-lo num sarcófago de pórfiro nos Inválidos. Tradicionalmente, porém, esse material era retirado de uma pedreira especial, o Mons Porpyritis (ou Montanha de Pórfiro), situado no deserto oriental do Egito, e infelizmente indisponível em 1840, de modo que foi necessário usar o quartzito finlandês.

Tudo isso ocorreu antes da "mudança de império", conforme Nostradamus previu, no sentido de que o Segundo Império Francês vai de 1852 a 1870, situando-se portanto entre a Segunda e a Terceira Repúblicas. O "fato maravilhoso" é, então, a exumação dos restos de Napoleão, e seu sepultamento em solo francês corresponde à "transformação" daquilo que jaz sob a rocha num monumento espiritual e não apenas físico.

Resumo

Napoleão é a chave do temperamento francês. Pode ser vencedor ou perdedor; mas quando perde, perde com brio e, quando vence, triunfa.

PARTE II

O SEGUNDO ANTICRISTO: ADOLF HITLER

Com a entrada em cena de Adolf Hitler, Nostradamus parece ir ainda mais longe em sua representação do mal absoluto. Isso é perfeitamente compatível com sua ideia de que cada um dos três Anticristos supera o anterior em abominação e malefícios. Hitler nasceu – por mero acaso, devemos presumir, embora ele próprio atribuísse vaidosamente certo significado ao fato – pouco antes do dia da Páscoa de 1889 (esse dia caiu em 21 de abril daquele ano e Hitler veio ao mundo no dia 20).

Hitler, mais tarde, daria ao "culto do líder infalível" uma dimensão que Napoleão jamais poderia ter dado, pois em sua época precisava enviar suas mensagens ou se promover no exterior por meio de sinais luminosos, pombos-correio, navios a vela, mensageiros à cavalo ou carruagens. Hitler é, portanto, a primeira figura de Anticristo a se beneficiar das comunicações transatlânticas por rádio – serviço que se tornou disponível em 1927, apenas seis anos antes de sua vertiginosa ascensão ao poder como chanceler da Alemanha.

Antes disso, quando do famoso *Putsch* da Cervejaria em 1923, Hitler fora profundamente influenciado pelo satanista, ocultista e viciado em morfina Dietrich Eckart (1868-1923), a quem dedicou o segundo volume de seu *Mein Kampf*. Alguns historiadores tentaram minimizar a influência de Eckart sobre Hitler, mas não resta dúvida de que por ocasião de sua morte, em 1923, Eckart (membro da ultrassecreta Sociedade Thule) acreditava piamente ter posto seu pupilo numa senda oculta para o poder total e o governo do "ser superior", teoria que por certo secundava a própria concepção de Hitler sobre a ascendência ariana (a palavra "*aryan*", em sânscrito, significa "nobre"), como também a de seu colega ocultista e camarada na divulgação do nazismo, Heinrich Himmler.

As últimas palavras de Eckart foram:

Sigam Hitler! Ele dançará, mas fui eu quem deu o tom da música. Iniciei-o na "Doutrina Secreta", abri seus centros de visão e ensinei-lhe os meios de se comunicar com os Poderes. Não chorem por mim: influenciei a história mais que qualquer outro alemão.

O vaidoso Eckart também instruiu Hitler nas "técnicas de autoconfiança, autopromoção, oratória persuasiva, linguagem corporal e sofística discursiva" que tanto o auxiliariam em sua ascensão inexorável ao poder e foram – ou serão – uma arma poderosa no arsenal dos três Anticristos de Nostradamus.

Essas ferramentas de oratória foram bem resumidas pelas próprias palavras de Nostradamus na quadra 3/35 – 2035, que atribui ao Nascimento do Terceiro Anticristo, mas que também poderia se aplicar, mais ou menos na mesma medida, a todos três Anticristos que o vidente descreve em suas *Centúrias*:

Du plus profond de l'Occident d'Europe,
De pauvres gens un ieune enfant naistra,
Qui par sa langue seduira grande troupe:
Son bruit au regne d'Orient plus croistra.

Nas profundezas ocidentais da Europa
Uma criança nascerá de pais pobres
Seduzirá a multidão com sua língua
O ruído de sua reputação crescerá no reino oriental.

MAPA ASTRAL DE ADOLF HITLER

Nascimento: 20 de abril de 1889 (sábado)
Hora: 18h30 (HML -1,00)
Local: Braunau am Inn, Áustria
Localização: 48N15 13E02

Tábua planetária

Sol em Touro
Ascendente em Libra
Lua em Capricórnio
Mercúrio em Áries
Vênus em Touro
Marte em Touro
Júpiter em Capricórnio
Saturno em Leão
Urano em Libra
Netuno em Gêmeos
Plutão em Gêmeos
Meridiano em Leão
Nodo norte em Câncer

Aspectos planetários

Sol: trígono harmonizando-se com Lua
Sol: conjunção com Mercúrio
Sol: trígono harmonizando-se com Júpiter
Sol: oposição a Ascendente
Sol: quadratura desafiando Meridiano
Lua: conjunção com Júpiter
Mercúrio: oposição a Urano
Mercúrio: oposição a Ascendente
Vênus: conjunção com Marte
Vênus: quadratura desafiando Saturno
Marte: quadratura desafiando Saturno
Urano: conjunção com Ascendente
Netuno: conjunção com Plutão
Netuno: sextil cooperando com Meridiano
Plutão: sextil cooperando com Meridiano

Resumo Astrológico e Numerológico

Segundo o zodíaco chinês, Adolf Hitler nasceu sob o signo do Boi (assim como Napoleão Bonaparte). Seu elemento era a terra (como o de Napoleão Bonaparte). O Boi, ou búfalo da Índia, é um animal de carga, mas agressivo quando espicaçado. Esse ano costuma produzir líderes natos, de caráter obstinado e inflexível, preparados para tomar medidas extremas a fim de preservar o poder. Essas pessoas não gostam de fazer prisioneiros e não toleram críticas. Por fora, a natureza do Boi pode parecer afável e extrovertida, o que a torna simpática e influente – fator indispensável na corrida pelo poder. Mas esse exterior calmo esconde um temperamento explosivo e intratável, capaz de derrubar tudo diante de si. Pessoas assim são muitas vezes teimosas e opiniáticas – no entanto, para contrabalançar esses defeitos, podem se mostrar astutas e meticulosas quando planejam alguma coisa. Mas são também indolentes – traço bastante acentuado em Hitler, que às vezes o tornava de trato difícil para seus principais assessores.

Como taurino (tanto mais que tinha ascendente em Libra), Hitler era melindroso e cioso de seus direitos – o tipo de homem que usa o encanto superficial para disfarçar defeitos de personalidade. O Berghof – sua residência de montanha em Berchtesgaden, o tradicional território de caça dos monarcas alemães e bávaros – era uma clássica proteção taurina, assim como o Kehlsteinhaus ou Retiro do Ninho da Águia, planejado e construído por ocasião do 50º aniversário de Hitler pelo chefe da chancelaria do Partido Nazista e seu secretário particular, Martin Bormann. Os dois eram confessadamente orgulhosos e cúpidos em intenção, atos e apego ao passado. A lua de Hitler em Capricórnio também nos mostra uma natureza fria, autocontrolada, indiferente e com ares de superioridade – características notórias dos megalomaníacos (Napoleão, igualmente, tinha sua lua em Capricórnio).

Numerologicamente, o nome de Adolf Hitler soma 7 no sistema cabalístico de Cagliostro, inspirado no de Cornélio Agrippa, que por sua vez baseou suas teorias no alfabeto hebraico (coincidência bastante irônica no caso de Hitler): A é 1, D é 4, O é 7, L é 3, F é 8, H é 5, I é 1, T é 4, L é 3, E é 5 e R é 2, o que dá 43, ou seja, 4 + 3 = 7 (ver 5/32 – 1932: "A ascensão de Hitler tal qual prevista pela cabala"). Sete, neste caso, é um número mágico, que condiz bem com o interesse de Hitler pelo ocultismo (ver meus comentários sobre o relacionamento dele com Dietrich Eckart no início do capítulo). Quem tem o número 7 costuma ser fascinado por todos os aspectos do mistério e do misticismo. Às vezes é também sensitivo e corre o risco de confundir sua realidade interior com a exterior, muito diferente. Quando seus piores aspectos vêm à tona, perde facilmente contato com o mundo que o cerca, tornando-se ardiloso, incompetente e "desligado".

SEGUNDO CALENDÁRIO DE NOSTRADAMUS PARA O ANTICRISTO HITLER

1920: Adolf Hitler apresenta seu projeto – Nostradamus alega ver a "marca" da besta na "fronte, nariz e face" de Hitler.

1932: A ascensão de Hitler é predita pela cabala e pela numerologia.

1933: Adolf Hitler proclama o início do Terceiro Reich. Nostradamus correlaciona o título escolhido por Hitler, *der Führer*, com o termo do francês antigo *Guyon*, que também significa "guia" ou "chefe".

Hitler ameaça a Áustria. Torna-se claro que nuvens tempestuosas estão se acumulando.

1934: O caso Stavisky provavelmente enfraqueceu a França, deixando-a mais vulnerável que antes e induzindo Hitler a considerá-la "decadente" e "corrupta".

Hitler elimina seus rivais e consolida seu poder na célebre Noite das Facas Longas.

1935: Benito Mussolini consolida seu poder na Itália, constituindo-se no primeiro e crucial aliado de Adolf Hitler no coração da Europa meridional.

1936: O general Franco se torna o segundo e igualmente crucial aliado de Adolf Hitler.

As forças nacionalistas de Franco (incluindo os carlistas, os monarquistas legitimistas e a Falange Fascista) levantam o cerco do Alcázar, reforçando ainda mais a dominação fascista da Europa meridional.

Adolf Hitler "reocupa" a Zona do Reno usando como pretexto proteger os falantes do alemão e as comunidades de língua alemã da dominação estrangeira.

O rei Eduardo VIII do Reino Unido abdica, reafirmando a convicção de Hitler de que seus maiores inimigos potenciais na Europa estão fazendo de tudo para se enfraquecer, ao passo que ele secretamente rearma e reforça a Alemanha. Hitler vê nos Jogos Olímpicos de Berlim (1936) uma oportunidade para vencer as potências ocidentais decadentes. Graças à propaganda, procura transformar os jogos numa demonstração da superioridade ariana.

1938: Adolf Hitler anexa a Áustria, aumentando de um golpe o território alemão e garantindo uma rica fonte de novos recrutas nazistas.

O Pacto Anglo-Italiano reforça ainda mais a convicção de Hitler de que as potências ocidentais e a Liga das Nações são fracas e impotentes para impor suas decisões.

1939: Para alegria de Hitler, o general Franco adere ao Pacto Anticomintern que une Espanha, Japão, Alemanha e Itália contra a Internacional Comunista. Hoje, isso pode ser visto como um movimento prévio rumo à Segunda Guerra Mundial, da qual só a Espanha não participou apesar das injunções de Hitler.

A Alemanha e a Itália firmam o infame Pacto de Aço, pelo qual Mussolini reconhece que, doravante, os inimigos da Alemanha também o serão da Itália.

O general Gustave Gamelin comete um erro tático fatal ao confiar demasiadamente, para deter o avanço alemão contra a França, na precária (e contornável) Linha Maginot.

1939-1945: Hitler se vê diante de Aliados bem mais fortes do que imaginara.

1940: Hitler vence a Batalha da França. Parece impossível detê-lo. De muitos modos, atingiu o ápice de seu poder.

Hitler autoriza o ataque aéreo a Londres para tirar o Reino Unido da guerra. Nostradamus descreve a destruição ali provocada pela Luftwaffe de Hermann Goering.

1941: O rei Cristiano X da Dinamarca desafia Adolf Hitler e passa a representar o espírito da resistência dinamarquesa à ocupação nazista.

A ascensão e a queda de Erwin Rommel são resumidas numa única e brilhante quadra, que ecoa também os primeiros sinais de reação moral ao domínio de Hitler.

Os atos de Adolf Hitler abalam a organização da Europa medieval. Nostradamus compara o "pagão" Adolf Hitler, desfavoravelmente, a Carlos Magno, cujo legado ele ameaça destruir. Os britânicos, cientes da importância da carolíngia Aix-la-Chapelle (Aachen) como símbolo de uma Europa unificada, esforçam-se para poupar sua catedral.

1943: Mesmo a pequenina Mônaco é ocupada, primeiro pelos italianos, depois pelos alemães.

Os atos de Adolf Hitler levam ao bombardeio em larga escala da Alemanha e da França ocupada, resultando daí a destruição virtual da velha Europa.

Pelo fim de 1943, a maré da guerra começa a virar em favor dos Aliados.

1944: Paraquedistas americanos descem perto da cidade de Fréjus, no chamado Dia-D da Riviera Francesa.

Nostradamus esboça a posição problemática do papa Pio XII frente aos Aliados.

O porto-chave de Calais é sitiado e depois libertado por forças tchecas e canadenses combinadas.

1945: A clássica quadra de Adolf Hitler resumindo o último e catastrófico ano da Segunda Guerra Mundial.

Esse ano assiste à queda do Terceiro Reich de Adolf Hitler e, com ela, ao fim do segundo dos três Anticristos de Nostradamus.

AS QUADRAS
DE HITLER

Tema

ADOLF HITLER APRESENTA SEU PROJETO

Data

24 de fevereiro de 1920

Data do índice de Nostradamus

20

Número da Centúria

2

Freres et sœurs en divers lieux captifs
Se trouveront passer pres du monarque:
Les contempler ses rameaux ententifs,
Desplaisant voir menton, front, nez, les marques.

Irmãos e irmãs mantidos presos em vários lugares
Passam perto do monarca
Ele os observa com muita atenção
É desagradável ver as marcas na fronte, nariz e faces.

PREDIÇÃO

Quando Nostradamus fala de "marcas", no verso quatro, é bem provável que se refira à "marca da besta" (a marca do diabo), isto é, 666 – ou
616, ou 665, dependendo da fonte usada –, conforme definida em Apocalipse, 13:18:

> Aqui está a sabedoria. Aquele que tem entendimento calcule o número
> da besta, pois é número de homem. Ora, esse número *é* seiscentos e ses-
> senta *e* seis.

Para alguns, esse número é um exemplo da *gematria* (numerologia)
hebraica, frequentemente usada para disfarçar a forma de um nome
"revelado" e não "místico" (isto é, cabalístico), seja ele o do Anticristo
ou o de um imperador romano, como Nero, que foi considerado uma
ameaça muito parecida pelos judeus.

Como é provável que Nostradamus considerasse Adolf Hitler o
segundo Anticristo, devemos nos ater ao ano de 1920 (por causa da
data do índice, 20, que não corresponde exatamente a Napoleão) para
uma explicação dessa quadra. Em fevereiro de 1920, com efeito, Hitler
apresentou seu projeto nacional-socialista pela primeira vez em Munique. Esse projeto se baseava amplamente nos escritos de Martinho
Lutero (sobretudo o tratado *Dos Judeus e Suas Mentiras*, 1543), em que
o autor proclamava o seguinte:

> O motivo pelo qual eu, na época, não percebia o absurdo de semelhante
> ilusão [isto é, considerar os judeus como seres humanos comuns] era

– 181 –

que, aos meus olhos, a única marca pela qual se distinguiam de nós consistia na prática de seu estranhíssimo culto.

Resumo

Adolf Hitler baseou muito de sua crítica aos judeus nos escritos de Martinho Lutero (que eram anátema para Nostradamus). Em 1920, ele apresentou pela primeira vez, em detalhe, a filosofia política do nazismo, que mais tarde levou ao Holocausto.

Tema

A ASCENSÃO DE HITLER TAL QUAL PREDITA PELA CABALA

Data

1932

Data do índice de Nostradamus

32

Número da centúria

5

Ou tout bon est, tout bien Soleil et Lune,
Est abondant sa ruyne s'approche:
Du ciel s'advance varier ta fortune,
En mesme estat que la septiesme roche.

Onde tudo é bom, tudo vai bem com o sol e a lua
A ruína do Oriente próspero se aproxima
Avançando do céu para alterar tua fortuna
No mesmo estado que a sétima rocha.

Predição

"Sete" é o número sagrado: a "lua" também tem sete fases e há sete corpos na alquimia, com o "sol" representando o ouro, a "lua" representando a prata, Marte representando o ferro, Mercúrio representando o mercúrio, Júpiter representando o estanho, Vênus representando o cobre e Saturno representando o chumbo. Há sete sentidos, sete pecados mortais, sete virtudes e sete espíritos de Deus. Houve sete dias na criação, sete graças, sete dias necessários à purificação levítica, sete mestres sábios e sete grandes paladinos da Cristandade. A perturbação, desajuste ou transmutação do número sete ameaçam a paz mundial. No sétimo mês de 1932 (ver data do índice), o Partido Nacional-Socialista de Adolf Hitler se tornou, pela primeira vez, a maior agremiação política no Reichstag. Hitler tinha sete médicos, sete discípulos próximos, sete grandes campos de concentração – e, em 1932, o mandato de sete anos do presidente alemão Hindenburg terminou. Essas coisas são bem conhecidas dos numerólogos (ver Resumo Astrológico e Numerológico de Adolf Hitler).

Resumo

Quadra maravilhosamente arquitetada em que Nostradamus usa a cabala para advertir o mundo sobre o advento de Adolf Hitler.

Tema

ADOLF HITLER INAUGURA O TERCEIRO REICH

Data

15 de março de 1933

Data do índice de Nostradamus

33

Número da centúria

9

Hercules Roy de Rome et d'Annemarc,
De Gaule trois Guion surnommé,
Trembler l'Italie et l'unde de sainct Marc,
Premier sur tous monarque renommé.

O rei Hércules de Roma e Marco Antônio
Três líderes da França são chamados Guyon
A Itália e o sítio de São Marcos tremerão
A fama do monarca se destaca entre todas.

Predição

Dissequemos a fundo esta quadra: nunca houve um "Hércules" rei de "Roma" e da Dinamarca, portanto estamos às voltas aqui com uma figura "hercúlea" e não com um rei epônimo. Além disso, a chave "Dinamarca/d'Annemarc" parece falsa, pois sabemos que Marco Antônio ("annemarc" ao inverso) era obcecado por Hércules e até lhe atribuiu um filho fictício, Anton, do qual se dizia descendente. "Guyon" é um nome muito conhecido e prestigiado na França (significa também "guia", "líder" ou "chefe" em francês antigo). Foi dado a militares (general Claude Guyon), cientistas (Félix Guyon, o pai da urologia na França), atores (Alexandre Guyon), políticos (Jean Guyon) e místicos quietistas (Jeanne de la Motte-Guyon). No verso três, *unde* vem do latim e significa "de onde", o que, no contexto de "São Marcos", alude geralmente a Veneza.

Estamos, pois, falando de líderes fortes e mesmo hercúleos que partilham a data do índice 33. Albrecht von Wallenstein, em 1633? Augusto, o Forte, da Polônia, que morreu em 1733 deflagrando a Guerra de Sucessão Polonesa? Ou a coisa é mais sinistra e se relaciona à inauguração, em 15 de março de 1933, do Terceiro Reich por Adolf Hitler? Convém lembrar que ele era conhecido como *der Führer*, "líder" ou "guia" – o mesmo sentido de Guyon. Hitler/*der Führer*/Guyon se tornou o chefe da França e fez tremer também a Itália, Roma e Veneza (São Marcos).

RESUMO

Foi necessário um toque de Sherlock Holmes para a análise dessa quadra, mas conseguimos solucionar o enigma: a conexão Guyon/*Führer* nos levou diretamente à inauguração do Terceiro Reich por Adolf Hitler em 15 de março de 1933 – e, tal como Hércules e Marco Antônio, Hitler finalmente sucumbiu ao orgulho e à monomania. No entanto, ao contrário de Hércules, não foi arrebatado ao céu numa nuvem.

Tema

NUVENS TEMPESTUOSAS SE ACUMULAM SOBRE A ÁUSTRIA

Data

1933

Data do índice de Nostradamus

33

Número da centúria

3

En la cité où le loup entrera,
Bien pres de là les ennemis seront:
Copie estrange grand païs gastera.
Aux murs et Alpes les amis passeront.

✳

Na cidade onde o lobo entrar
O inimigo estará por perto
Um exército estrangeiro tragará o grande país
Amigos cruzarão muralhas e Alpes.

PREDIÇÃO

Considerando-se a data do índice, 33, a quadra se refere claramente aos planos que Hitler vinha amadurecendo para a Áustria, facilitados pelas eleições federais alemãs de 5 de março de 1933, em que os nacional--socialistas de Hitler obtiveram 44% dos votos. Depois que um apavorado chanceler austríaco Engelbert Dolfüss decidiu fechar o parlamento e assumir poderes ditatoriais, os inevitáveis motins pró-nazistas eclodiram em Viena, prenunciando uma verdadeira guerra civil. Dolfüss foi assassinado em 25 de julho de 1934 por oito nazistas austríacos que planejavam um golpe e, após várias outras agressões, a Áustria acabou anexada – ou tragada – pelo Terceiro Reich alemão (dependendo, é claro, do ponto de vista de cada um) menos de quatro anos depois, em 12 de março de 1938 (ver 1/38 – 1938: "Adolf Hitler anexa a Áustria"). Seguiu-se o *Anschluss*, uma vasta campanha de "*Heim in Reich*" com a qual Hitler tentou persuadir todas as pessoas de origem alemã que viviam em outros países de que estes deveriam, por direito, fazer parte de uma Grande Alemanha.

RESUMO

Uma quadra clara, concisa e perfeita em termos de data do índice, que descreve a união aparentemente inevitável da Áustria e da Alemanha na atmosfera já turbulenta dos anos 1930.

Tema

O CASO STAVISKY

Data

8 DE JANEIRO DE 1934

Data do índice de Nostradamus

34

Número da centúria

1

L'oyseau de proye volant a la fenestre
Avant conflict faict aux Francoys pareure
L'un bon prendra, l'un ambigue sinistre,
La partie foyble tiendra par bon augure.

✳

A ave de rapina voando para a janela

Aparece aos franceses antes que o conflito se inicie

Alguns o receberão bem, outros o considerarão

uma sopa fria e sinistra

O lado mais fraco resistirá e vencerá.

PREDIÇÃO

"*Ambigue*" pode ter aqui duas definições (surpresa!): "ambíguo" e "sopa fria". A segunda parece o significado atribuído por Nostradamus à palavra, dado o emprego de "*prendre*", "tomar" (como em "tomar uma sopa") na primeira parte do verso. Em vista disso e da menção categórica aos "franceses" no verso dois (além de inúmeras outras alusões e da data do índice, 34), somos inexoravelmente levados ao Caso Stavisky, que atingiu seu clímax em 8 de janeiro de 1934.

O belo Serge Alexandre Stavisky (*le beau Sasha*), um falsário e negociante de papéis fraudulentos, aparentemente cometeu suicídio no segundo andar de um chalé em Chamonix após sete anos de acusações, apelações e encobrimentos por parte do governo radical-socialista francês (obteve liberdade condicional em dezenove ocasiões). O pretenso suicídio com pistola foi visto como um assassinato urdido pela polícia a fim de proteger altos oficiais implicados no escândalo. Tanto realistas de direita quanto comunistas saíram às ruas em protesto durante os tumultos em Paris de 6 e 7 de fevereiro, que culminaram numa greve geral.

O crime de Stavisky foi vender milhões de francos em títulos falsos ao setor de penhores da municipalidade de Bayonne – títulos logo depois adquiridos por várias companhias de seguros que, segundo Janet Flanner, correspondente em Paris do *New Yorker*, agiram assim "aconselhadas pelo ministro das Colônias, aconselhado pelo ministro do Comércio, aconselhado pelo prefeito de Bayonne, aconselhado pelo gerente do setor de penhores, aconselhado por Stavisky".

Seríamos tentados a pensar que a "ave de rapina voando para a janela", no verso um, alude aos *flics* (policiais) que, segundo alguns periódicos da época, foram o "braço comprido" de Stavisky – uma referência irônica a distância que o projétil percorreu antes de acabar com o "suicida".

RESUMO

Nostradamus se refere ao famoso Caso Stavisky, que provocou uma série de distúrbios, um golpe e uma greve geral, levando à queda de um governo francês impopular e corrupto.

Tema

A NOITE DAS FACAS LONGAS

Data

30 de junho de 1934

Data do índice de Nostradamus

34

Número da centúria

8

Apres victoire du Lyon au Lyon
Sur la Montaigne de IURA Secatombe
Delues et brodes septieme million
Lyon, Ulme à Mausol mort et tombe.

Depois da vitória do leão sobre o leão
Haverá juramento na montanha da hecatombe
O dilúvio e o bordado do sétimo milhão
Lião, Ulm ao Mausoléu, morte e tumba.

Predição

Os dois "leões" são Adolf Hitler e Ernst Röhm. O primeiro escolheu a noite de 30 de junho de 1934 para destruir o segundo e suas SA que julgava fora de controle (SA-hecatombe, portanto "*Secatombe*") na Operação Colibri, em alemão KOLIBRI, mais conhecida como Noite das Facas Longas. Até hoje, não se sabe ao certo quantos morreram – o número mais provável gira em torno de 200 pessoas – no expurgo e milhares foram presos. Röhm recusou a opção do suicídio e acabou executado no presídio de Stadelheim dois dias depois por quatro membros da SS, que foram os responsáveis pela operação. O "juramento na montanha" foi o das agora ressurgentes SS no Castelo de Wewelsburg, seu lar espiritual; e a referência ao "sétimo milhão" no verso três, juntamente com "dilúvio" e "bordado" (os cadáveres dos judeus são cobertos por um manto tecido à mão parecido com o usado pelo sumo-sacerdote no templo, por ocasião do Yom Kippur), representam o número aproximado de judeus mortos durante a Segunda Guerra Mundial como parte da chamada Solução Final de Hitler.

Resumo

Essa quadra extraordinária antecipa claramente os futuros horrores da Segunda Guerra Mundial – horrores que se tornaram inevitáveis depois de Hitler consolidar seu poder na Noite das Facas Longas.

Tema
BENITO MUSSOLINI CONSOLIDA SEU PODER NA ITÁLIA

Data
1935

Data do Índice de Nostradamus
35

Número da Centúria
4

Le feu estaint, les vierges trahiront
La plus grand part de la bande nouvelle:
Fouldre à fer, lance les seulz roy garderont:
Etrusque et Corse, de nuict gorge allumelle.

O fogo se extinguiu, as virgens o traíram
A maior parte do grande grupo
Capacetes de ferro, padres velarão pelo rei com lanças
Etrúria e Córsega, gargantas cortadas à noite.

Predição

O verso um é bem claro quanto às "virgens" vestais, cujo trabalho consistia em preservar o "fogo eterno" da pira sagrada do templo: se ele se extinguisse, Roma correria perigo. Considerando-se a data do índice, 35, o "novo grupo" é certamente o Partido Fascista Nacional de Benito Mussolini, que em 1935 consolidou seu controle sobre a Itália. Mussolini ignorou tanto o rei Vitório Emmanuel III (que desconfiava do Eixo e preferia os laços tradicionais com a Inglaterra e a França) quanto o papa Pio XI (que atacou o regime fascista em sua encíclica *Non Abbiamo Bisogno* [Não Precisamos]). As predições de Nostradamus para a Itália e as consequências da extinção da chama das vestais se revelaram verdadeiras mais tarde, com Roma sucumbindo primeiro ao Eixo, depois aos Aliados.

Resumo

Essa quadra fala da dominação da Itália por Benito Mussolini: em 1935, por exemplo, 75% dos negócios italianos estavam sob controle estatal e se tornara cada vez mais óbvio que Mussolini tencionava se aproximar, não dos aliados tradicionais da Itália – França e Inglaterra –, mas da Alemanha de Adolf Hitler.

Tema
O GENERAL FRANCO
Data
1936

Data do índice de Nostradamus
16

Número da centúria
9

De castel Franco sortira l'assemblee
L'ambassadeur non plaisant fera scisme
Ceux de Ribiere seront en la meslee
Et au grand goulphre desnier ont l'entrée.

Franco expulsará a assembleia de Castela
O indignado embaixador provocará um cisma
Os homens de Rivera entrarão na refrega
Ao líder, será recusada entrada no golfo.

Predição

Essa é uma das quadras mais famosas de Nostradamus, pois menciona os nomes tanto de Francisco "Franco" (1892-1975), o autoproclamado Caudillo de España *por la gracia de Dios*, quanto de Primo de "Rivera" (1870-1930), o predecessor menos tirânico de Franco. Depois que Rivera morreu, seu filho José Antonio ressuscitou o movimento falangista em homenagem ao pai e lutou ao lado de Franco durante a Guerra Civil Espanhola de 1936-1939. Franco se tornou ditador da Espanha em 1936, após a cessação das hostilidades, e permaneceu no poder por 36 anos. A menção ao "embaixador indignado", no verso dois, refere-se indiscutivelmente à sequência de intervenções estrangeiras que marcaram o curso da guerra civil, incluindo o bombardeio arrasador de Guernica pelos alemães; já o último verso alude ao exílio de Franco nas Ilhas Canárias em 1936, por ordem do Governo Republicano Espanhol, que efetivamente lhe negou entrada no "golfo" Mediterrâneo. Os espanhóis mais tarde se lembrariam com saudade da autocracia benevolente de Rivera, face à ditadura implacável que se seguiu.

Resumo

Uma quadra brilhante e exata que menciona tanto Francisco Franco quanto seu predecessor, Primo de Rivera.

Tema

O LEVANTAMENTO DO CERCO DO ALCÁZAR

Data

1936

Data do índice de Nostradamus

15

Número da centúria

9

Pres de Parpan les rouges detenus,
Ceux du milieu parfondrez menez loing:
Trois mis en pieces, et cinq mal soustenus,
Pour le Seigneur et Prelat de Bourgoing.

Os vermelhos são mantidos prisioneiros perto de Perpignan
As classes médias se fundem e são levadas para longe
Três são feitos em pedaços e cinco morrem de fome
Pelo senhor e prelado de Burgos.

PREDIÇÃO

Todas as datas do índice terminadas com 15 foram aventadas aqui (1615, 1715, 1815 etc.), mas a quadra parece se referir mesmo à Guerra Civil Espanhola de 1936-1939. O "senhor e prelado de Burgos" seria, portanto, o general Franco (pró-clerical), pois Burgos foi uma das primeiras cidades a cair em poder do exército rebelado do general Emilio Mola em 1936 (mais tarde, Franco instalou nela seu quartel-general). Também "Perpignan" se conforma ao estereótipo "vermelho" (comunista) de Nostradamus, já que se situava na fronteira da França com a Espanha republicana e era (e ainda é) o refúgio de muitos republicanos (anticlericais). A própria cidade é em grande parte de origem espanhola e só se tornou francesa em 1659. A referência a "morrer de fome", no texto, talvez se aplique ao famoso levantamento do cerco do Alcázar em Toledo, que retardou o ataque dos nacionalistas de Franco a Madri.

RESUMO

Essa quadra parece tratar da Guerra Civil Espanhola, com especial referência aos nacionalistas em Burgos e à diáspora republicana em Perpignan.

TEMA

ADOLF HITLER REOCUPA A ZONA DO RENO

DATA

1936

DATA DO ÍNDICE DE NOSTRADAMUS

36

NÚMERO DA CENTÚRIA

10

Apres le Roi du soucq guerres parlant,
L'isle Harmotique le tiendra à mespris,
Quelques ans bons rongeant un et pillant
Par tyrranie à l'isle changeant pris.

Depois que o rei dos mercados falar de guerra
A Ilha Unida o desprezará
Por uns anos bons, um homem roerá e pilhará
A ilha muda de atitude por causa de sua tirania.

PREDIÇÃO

O ano de 1936 viu Adolf Hitler desafiar os termos do Tratado de Versalhes e reocupar a Zona do Reno. Desde sua ascensão como chanceler da Alemanha, em 1933, o Reino Unido (a "Ilha Unida") pouca atenção lhe dera, considerando-o um tirano insignificante. Isso permitiu a Hitler dar prosseguimento a seus planos secretos de rearmamento, que só vieram a público, de fato, após o *Anschluss* da Áustria (ver 1/38 – 1938: "Adolf Hitler anexa a Áustria"). A expressão *Markt König*, em alemão ("rei dos mercados"), define um arrivista ou socialmente ambicioso de origem modesta: descrição que não poderia se enquadrar melhor a Adolf Hitler.

RESUMO

A quadra lembra o fortalecimento secreto de Adolf Hitler, encorajado pela tendência pacifista de diversos governos do Reino Unido.

Tema

A ABDICAÇÃO DO REI EDUARDO VIII DO REINO UNIDO

Data

11 de dezembro de 1936

Data do Índice de Nostradamus

36

Número da Centúria

2

Du grand Prophete les letres seront prinses
Entre les mains du tyran deviendront:
Frauder son roy seront ses entreprinses,
Mais ses rapines bien tost le troubleront.

As cartas tomadas pelo grande Profeta
Cairão nas mãos do tirano
Ele tentará defraudar seu rei
Mas suas rapinas logo lhe causarão problemas.

Predição

A data do índice, 36, inevitavelmente aponta para 3 de dezembro de 1936 e para o alarde da imprensa britânica ("o grande Profeta") em torno da paixão do rei Eduardo VIII pela srta. Wallis Simpson. O "tirano" é Stanley Baldwin, que deixou claro ao monarca que ele não poderia desposar uma mulher duas vezes divorciada e continuar no trono da Inglaterra. O rei divulgou pelo rádio, em 11 de dezembro, sua decisão de abdicar, e Baldwin deixou a chefia do ministério cinco meses mais tarde.

Resumo

Quadra categórica e absolutamente precisa em termos de data que descreve a crise provocada no Reino Unido, em 1936, pela abdicação do rei.

Tema

OS JOGOS OLÍMPICOS DE BERLIM EM 1936

Data

1936

Data do Índice de Nostradamus

36

Número da Centúria

4

Les ieux nouveau en Gaule redresses,
Après victoire de l'Insubre champaigne:
Monts d'Esperie, les grands liés, troussés:
De peur trembler la Romaigne et l'Espaigne.

Os novos jogos são como uma vara erguida
Após a vitória da campanha ínsubre
As Montanhas Ocidentais, os grandes presos e atados
Espanha e Romênia tremem de medo.

PREDIÇÃO

No verso um, Nostradamus se diverte jogando com a palavra *"Gaule"*, que pode significar "França", "vara" ou "mastro": o termo *"redresses"* nos dá a pista para a brincadeira, pois *redresser un bâton*, em francês corrente, significa "erguer uma vara", lembrando a noção dos *fasces*, feixes de varas com que os romanos precediam seus triunfos ou jogos públicos e que o fascismo usou simbolicamente no século XX (sobretudo no caso dos ítalo/ "ínsubres", quando o Partido Fascista empregou os *fasces* como seu símbolo principal).

A imagem dos "novos jogos" é também vigorosa, pois Paris sediou as Olimpíadas de 1900 e 1924, sendo que em 1936 elas foram realizadas em Berlim, cidade para isso escolhida em 1931, portanto antes do advento de Hitler, mas agora a sede do Partido Fascista Alemão. O ano de 1936 assistiu à ascensão do fascismo tanto na Romênia quanto na Espanha, onde a guerra civil eclodiria a 17 de julho, apenas duas semanas antes da cerimônia de abertura dos Jogos Olímpicos, a 1º de agosto.

RESUMO

Quadra notável, que fala dos Jogos Olímpicos de Berlim de 1936 associando-os ao advento do fascismo e à paralisia momentânea das Potências Ocidentais: a imagem de Nostradamus, dessas mesmas potências "presas e atadas", e dos jogos como uma "vara" para espancá-los, é memorável.

Tema

ADOLF HITLER ANEXA A ÁUSTRIA

Data

12/13 de março de 1938

Data do índice de Nostradamus

38

Número da centúria

1

Le sol et l'aigle au victeur paroistront:
Response vaine au vaincu l'on asseure,
Par cor ne crys harnois n'arresteront,
Vindicte, paix par mors si acheve à l'heure.

O sol e a águia aparecerão ao vencedor
Respostas vãs tranquilizam o vencido
Nem trombetas nem gritos o deterão
Processo e paz obtida à custa da morte.

PREDIÇÃO

A quadra começa mal mas termina bem, dando-nos a impressão de que Nostradamus está buscando num futuro distante a solução para os problemas que o "vencedor", Adolf Hitler, provocou. Pois, considerando-se a data do índice, 38, e o próprio conteúdo dos versos, parece quase certo que ele está se referindo ao *Anschluss* da Áustria em 1938, durante o qual o lar espiritual do velho império dos Habsburgos se tornou, querendo ou não, parte da Grande Alemanha.

Um plebiscito realizado no mês seguinte pareceu dar à versão austríaca do Partido Nacional Socialista de Hitler 99,73% dos votos populares; mas então o *Anschluss* já era uma realidade e poucas pessoas seriam corajosas ou insensatas o bastante, àquela altura da história, para apresentar a mínima objeção.

A "águia" no verso um é, obviamente, a águia bicéfala, emblema tradicional tanto da Prússia (representando a Alemanha) quanto da Áustria imperial. Ela remonta ao imperador Carlos Magno, famoso como Hitler por seu sonho de unificar a Europa (uma das cabeças da águia simboliza o poder judiciário e a outra, o *status* global e as ambições imperiais). O "sol" deve ser uma referência à célebre frase que Alexandre, o Grande – a quem Hitler frequentemente se comparava – pronunciou ao ouvir as propostas de paz de Dario antes da batalha de Arbela (331 a.C.): "O céu não pode ter dois sóis e a terra não pode ter dois senhores".

A palavra "processo", no verso quatro, também é intrigante e nos leva a pensar nos julgamentos de Nuremberg em 1945-1949, onde o restante da hierarquia nazista foi publicamente acusada de crimes contra a humanidade; já "paz obtida à custa da morte" pode ser uma referência à rendição incondicional da Alemanha logo depois do suicídio de Hitler em 1945, no *bunker* situado sob os jardins da Chancelaria do Reich.

Resumo

Essa é, de certa forma, uma quadra complexa que sugere tanto soluções quanto problemas suscitados pela megalomania insana de Hitler. Sempre realista, Nostradamus revela aqui um certo otimismo em sua visão quase holística da anexação da Áustria por Hitler em 1938.

TEMA

O PACTO ANGLO-ITALIANO

DATA

16 DE ABRIL DE 1938

DATA DO ÍNDICE DE NOSTRADAMUS

38

NÚMERO DA CENTÚRIA

6

Au profligés de paix les ennemis,
Apres avoir l'Italie superee:
Noir sanguinaire, rouge sera commis,
Feu, sang verser, eaue de sang couloree.

✳

Os inimigos dos destruidores da paz
Depois de terem a Itália suprema
O negro sangrento, o vermelho se entregará
Ao fogo, ao sangue derramado, água tinta de sangue.

PREDIÇÃO

"*Profligés*" não é uma palavra do francês antigo: vem do latim *profligare*, que quer dizer "destruir", "aniquilar" ou "desbaratar". Ora, isso empresta ao verso um significado diametralmente oposto ao que os falantes do inglês lhe atribuiriam por instinto. A quadra parece aludir ao pacto anglo-italiano de 16 de abril de 1938 (ver data do índice), pelo qual o primeiro-ministro britânico Neville Chamberlain prosseguiu em sua tentativa de pacificação, dessa vez usando a Abissínia como vítima pós--parto ("o negro sangrento"). De fato, em troca da retirada nominal de tropas da Espanha, Chamberlain aceitou a anexação da Abissínia (atual Etiópia) pela Itália e suspendeu sanções, avalizando tacitamente uma invasão (1935-1936) desigual, em que o emprego de armas superiores e do gás de mostarda aniquilou um exército equipado à maneira da Idade Média, fato que acarretou a condenação quase universal das pessoas honestas.

RESUMO

A Segunda Guerra Ítalo-Abissínia expôs a fraqueza da Liga das Nações e o pacto anglo-italiano de 1938 nada fez para corrigir abusos ou afastar Mussolini de seu perigoso namoro com a Alemanha nazista.

TEMA

A ESCALADA PARA A SEGUNDA GUERRA MUNDIAL

DATA

1939

DATA DO ÍNDICE DE NOSTRADAMUS

39

NÚMERO DA CENTÚRIA

2

Un an devant le conflict Italique,
Germain, Gaulois, Hespaignols pour le fort:
Cherra l'escolle maison de republique,
Ou, hors mis peu, seront suffoqués morrs.

✳

Um ano antes do conflito italiano
Alemão, francês, espanhol para o forte
A casa da escola republicana será atacada
Onde, exceto por uns poucos,
eles serão sufocados até a morte.

– 212 –

PREDIÇÃO

Esse é um dos casos de *"cherchez la guerre"* (em vez de *"la femme"*). O "conflito italiano" que Nostradamus situa um ano após a data do índice, 39 (ver verso um), deve ser a declaração de guerra, em 10 de junho de 1940, dos italianos à França e à Grã-Bretanha. Isso, por seu turno, nos leva de volta a 1939 e à tomada de Barcelona ("a casa da escola republicana será atacada") pelos nacionalistas, à qual se seguiu dois meses mais tarde a de Madri pelo general Franco. Isso marcou o fim da Guerra Civil Espanhola e a adesão de Franco ao Pacto Anticomintern, que uniu Espanha, Japão, Alemanha e Itália contra a Internacional Comunista. Em 30 de agosto de 1939, os franceses já estavam evacuando suas mulheres e crianças de Paris. A guerra foi declarada a 3 de setembro.

RESUMO

Uma quadra esplêndida, de data precisa, que descreve corretamente a escalada para a declaração da Segunda Guerra Mundial.

Tema
O PACTO DE AÇO

Data
1939

Data do Índice de Nostradamus
39

Número da Centúria
3

Les sept en trois mis en concorde
Pour subiuguer des Alpes Appenines:
Mais la tempeste et Ligure couarde
Les profligent en subites ruines.

Os sete em três entram em acordo
Para subjugar os Apeninos
Mas o tempo e a Ligúria covarde
Forçam-nos a súbita ruína.

Predição

Em 1939, a Itália tomou várias decisões que lhe seriam adversas nos "sete" anos seguintes. Uma delas foi a de Mussolini em 22 de maio, quando ele assinou o Pacto de Aço pelo qual cimentava a aliança amistosa de dez anos com a Alemanha de Adolf Hitler. Isso, indiretamente, permitiu aos niçardos italianos (descendentes de uma antiga tribo lígure) retomar o controle de Nice dos franceses (a atual Ligúria faz parte dos Alpes Apeninos italianos ao norte, seguindo aproximadamente a curva do golfo de Gênova até Spezia). Em 1947, como resultado da capitulação italiana, Nice, Briga e Tenda foram reintegradas à França, obrigando um quarto dos niçardos residentes na área em torno do Val di Roia a voltar para a Ligúria.

Resumo

A quadra alude ao famigerado Pacto de Aço, pelo qual Mussolini considerava doravante os inimigos da Alemanha como inimigos da Itália.

Tema

O GENERAL GUSTAVE GAMELIN

Data

1939

Data do índice de Nostradamus

39

Número da centúria

7

Le conducteur de l'armée Francoise,
Cuidant perdre le principal phalange:
Par sus pavé de livaigne et d'ardoise,
Soy parfondra par Gennes gent estrange.

O comandante do exército francês
Temendo perder sua principal falange
Numa calçada de trigo e ardósia
Fundirá Gênova com um povo estrangeiro.

PREDIÇÃO

A França, tal qual a Grã-Bretanha, declarou guerra à Alemanha em 3 de setembro de 1939, depois da invasão não provocada da Polônia, por Hitler, dois dias antes. O exército francês se compunha de 900 mil homens alistados na ocasião, com uma reserva de 5 milhões. Seu comandante, o general Gustave Gamelin, confiava cegamente na capacidade defensiva das fortificações da Linha Maginot e planejava, ao mesmo tempo, uma ofensiva através da Bélgica e da Holanda (o Plano Dyle). Mas os alemães atacaram mais ao sul do que Gamelin previra, neutralizando a Linha Maginot. Após a derrota catastrófica de 1940 (que com efeito "fundiu Gênova", isto é, a Itália, com "um povo estrangeiro", isto é, os alemães), Gamelin foi substituído pelo general Maxime Weygand.

RESUMO

Uma descrição categórica e com data precisa dos acontecimentos que levaram ao armistício franco-germânico de 25 de junho de 1940 (ver 9/40 – 1940: "A Batalha da França").

TEMA

A ALIANÇA DO NORTE

DATA

1939-1945

DATA DO ÍNDICE DE NOSTRADAMUS

51

NÚMERO DA CENTÚRIA

5

La gent de Dace, d'Angleterre et Palonne
Et de Bohesme feront nouvelle ligue:
Pour passer outre d'Hercules la colonne,
Barcins, Tyrrens dresser cruelle brigue.

✳

O povo da Dácia, Inglaterra e Polônia
E da Boêmia farão uma nova liga
Para ultrapassar as Colunas de Hércules
Os barceloneses e tirrenos montam um cruel complô.

PREDIÇÃO

A antiga "Dácia" cobria uma área enorme, incluindo no todo ou em parte a Romênia, Moldávia, Bulgária, Hungria e Ucrânia, enquanto a "Boêmia" se estendia por quase toda a República Tcheca, a Morávia e a Silésia. Esses países, segundo Nostradamus, juntamente com a "Inglaterra" e a "Polônia" (parte da qual já estava de qualquer forma incorporada à Boêmia), se unem para ultrapassar o estreito de Gibraltar ("Colunas de Hércules").

Sem dúvida, não se está falando aqui da Guerra da Crimeia (1853-1856), nem a data do índice se aplica à Segunda Guerra Mundial, que de fato colocou os "tirrenos" italianos (literalmente) e os "barceloneses" espanhóis (nominalmente) contra uma aliança da maioria, se não de todos, os países acima mencionados. O resto também não se aplica sequer remotamente a esses acontecimentos. Portanto, devemos presumir que a data do índice de Nostradamus apresenta uma diferença de seis anos e que ele descreveu, isso sim, a luta dos aliados do Norte contra a Espanha e a Itália fascistas.

RESUMO

Quadra não muito satisfatória, embora os parâmetros geográficos de Nostradamus sejam bastante exatos em sua descrição da Aliança do Norte. A Espanha de Franco permaneceu tecnicamente neutra durante a Segunda Guerra Mundial, é certo, apesar de não esconder suas simpatias pela causa alemã.

Tema

A BATALHA DA FRANÇA

Data

10 DE MAIO DE 1940

Data do índice de Nostradamus

40

Número da centúria

9

Pres de Quintin dans la Forest bourlis,
Dans l'abbaye seront Flamens ranches,
Les deux puisnais de coups my estourdis
Suitte oppresse et garde tous aches.

*

Perto de Quintin na floresta confusa
Os flamengos serão trucidados na abadia
Os dois mais jovens serão crivados de golpes
O resto será derrotado e a guarda, abatida a machado.

PREDIÇÃO

"Bourlis" é uma palavra interessante, que tem dado muita dor de cabeça aos comentadores de Nostradamus ao longo dos séculos. O lexicógrafo francês Pierre-Augustin Boissier de Sauvages (1710-1795) aventa, em seu *Dictionaire Languedocien-Français*, que ela sugere perturbação ou confusão e vem do francês antigo *bourlos*, cujo significado é "zombaria". E sabe-se que Nostradamus costumava sacrificar a exatidão a uma boa rima. Isso aproximaria a quadra do Canto I do *Inferno* de Dante, que começa assim: "No meio do caminho de nossa vida/Achei-me numa floresta escura/Tendo perdido o rumo verdadeiro". Uma "floresta confusa", portanto?

A data do índice, 40, nos fornece aqui uma pista, pois se refere ao 10 de maio de 1940, quando as forças alemãs invadiram os Países Baixos dando efetivamente início à Batalha da França. A 28 de maio, a Bélgica foi forçada a capitular e a retirada de Dunquerque se completou a 4 de junho. No dia 15 de junho, Verdun (sede da famosa "abadia") se rendeu aos alemães; e no dia 22 do mesmo mês, toda a França flamenga estava dominada.

RESUMO

A Batalha da França, com ênfase especial na invasão alemã dos Países Baixos, que culminou na perda de Verdun.

Tema
O ATAQUE A LONDRES

Data
1940

Data do Índice de Nostradamus
40

Número da Centúria
3

Le grand theatre se viendra redresser:
Le dez géte, et les retz ia tendus.
Trop le premier en glaz viendra lasser,
Par arcs prostraits de long temps ia fendus.

O grande teatro será reconstruído
Os dados estão lançados e as redes, atiradas
O primeiro se cansa muito ouvindo o dobre de finados
Exaurido por arcos já de longa data fendidos.

PREDIÇÃO

Considerando-se os dois primeiros versos, o "grande teatro" lembra um cassino, uma sala de jogos ou um teatro de ópera. Não fosse pela data do índice, 40, isso pareceria se relacionar à destruição em 1996 e à reconstrução em 2004 do Teatro de la Fenice, em Veneza. Mas, ao contrário, deve ser visto como uma alusão ao Ataque a Londres, que começou em 7 de setembro de 1940 e provocou a destruição de numerosos teatros (o Little, o Queens, o Shaftesbury e o New Royalty nos vêm logo à mente). Os "dados estão lançados" podem se referir à Batalha da Grã-Bretanha, durante a qual o futuro da guerra e a bem-sucedida participação, nela, dos britânicos pesaram na balança.

RESUMO

Uma quadrinha estranha, que parece descrever o Ataque a Londres de 1940 e a destruição de alguns de seus grandes teatros.

TEMA
O REI CRISTIANO X DA DINAMARCA E ADOLF HITLER

DATA
1941

DATA DO ÍNDICE DE NOSTRADAMUS
41

NÚMERO DA CENTÚRIA
6

Le second chef du regne Dannemarc.
Par ceulx de Frise et l'isle Britannique,
Fera despendre plus de cent mille marc,
Vain exploicter voyage en Italique.

O segundo líder do reino da Dinamarca
Graças aos habitantes da Frísia e das Ilhas Britânicas
Gastarão mais de 100 mil marcos
Para explorar inutilmente da jornada à Itália.

Predição

Ante a data do índice, 41, é razoável presumir que essa quadra se refira à Segunda Guerra Mundial e à longa ocupação da "Dinamarca" pelas forças do Eixo (Alemanha e "Itália"), que começou pela deflagração do chamado Weserübung (Exercício no Weser) em 9 de abril de 1940. A "Frísia" (parte da Holanda) também foi ocupada, pois ambos os países (Dinamarca e Holanda) faziam fronteira com a Alemanha.

A invasão da Dinamarca foi conduzida com poucas perdas de vidas, porquanto o rei Cristiano X e seus ministros decidiram ser inconcebível permitir que a Luftwaffe bombardeasse Copenhague desnecessariamente. O rei, desde o princípio, deixou claro seu desprezo pelas autoridades nazistas, de modo que o "segundo líder do reino da Dinamarca" seria Adolf Hitler, com quem o resoluto monarca da velha escola logo se indispôs.

Tanto a Dinamarca quanto a Frísia eram instintivamente pró-britânicas e os dois versos finais talvez simbolizem apenas a incapacidade de Hitler de conquistar os corações e mentes de seus súditos involuntários – resistência que levou à sabotagem e à ação industrial, a um custo elevado para as finanças alemãs de guerra.

Resumo

O relacionamento nada amistoso entre o rei Cristiano X da Dinamarca e Adolf Hitler fez com que o monarca passasse a personificar a resistência dinamarquesa à ocupação nazista.

TEMA

ERWIN ROMMEL

DATA

1941

DATA DO ÍNDICE DE NOSTRADAMUS

41

NÚMERO DA CENTÚRIA

8

Esleu sera Renad, ne sonnant mot,
Faisant le saint public vivant pain d'orge,
Tyrannizer apres tant à un cop,
Mettant à pied des plus grans sus la gorge.

✳

A raposa será eleita sem dizer uma palavra
Transformado em santo pelo público,
ele vive de pão de cevada
Será tiranizado por algum tempo depois de um golpe
Os grandes pisando sua garganta.

PREDIÇÃO

Uma quadra esplêndida, na qual a data do índice, 41, e a palavra em código "raposa" no verso um nos levam diretamente ao ano de 1941 e às vitórias de Erwin Rommel, apelidado de "Raposa" do Deserto.

A 15 de abril desse ano, Rommel se garantiu a posse da Líbia inteira, êxito que lhe valeu a "eleição", em agosto, para o comando do Grupo Blindado África. Curiosamente, a palavra "raposa" (*fox*) reapareceria novamente na vida de Rommel quando seu automóvel foi alvejado, e ele seriamente ferido, por um RCAF Spitfire pilotado por Charley Fox (Charley é o nome que na Inglaterra rural se dá à raposa, de modo que o piloto se chamava de fato "Foxy Fox"!).

Nostradamus descreve em seguida o "golpe" contra Adolf Hitler, que custaria a vida de Rommel ("algum tempo depois"), quando seus superiores o obrigaram a cometer suicídio ("os grandes pisando sua garganta").

RESUMO

Uma quadra excelente, focalizando Erwin Rommel, a "Raposa do Deserto", no ano de seus maiores sucessos. Três anos depois, seus superiores o obrigaram a cometer suicídio por ele ter-se envolvido – se é que se envolveu – no complô de 20 de julho para assassinar o Führer. Teve funerais de herói, em que a figura de maior destaque entre os presentes foi Adolf Hitler.

Tema

AIX É POUPADA DURANTE A GUERRA

Data

De 1941 em diante

Data do Índice de Nostradamus

41

Número da Centúria

7

Les oz des piedz et des mains enserrés,
Par bruit maison long temps inhabitee:
Seront par songes concavant deterrés,
Maison salubre et sans bruyt habitee.

Os ossos dos pés e das mãos sepultados
Por muito tempo, graças ao barulho,
a casa permanece desabitada
São desenterrados por sonhos ocos
A rica e tranquila casa volta a ser habitada.

PREDIÇÃO

O imperador Carlos Magno (742-814), fundador tanto da França quanto da Alemanha, considerado por muitos o pai da Europa, escolheu Aix-la-Chapelle (Aachen) para sua *Roma Secunda* ("Segunda Roma"), pretendendo torná-la a parte maior de sua *renovatio imperii Romanorum* ("renovação do Império Romano"). Em consequência, o palácio imperial em Aix foi construído em escala grandiosa para atrair artistas, músicos, teólogos, eruditos e poetas à corte do grande rei franco – um dos "nove valorosos" ou "guerreiros perfeitos" de Jean de Longuyon, ao lado de Heitor, Alexandre, o Grande, Júlio César, Josué, Davi, Judas Macabeu, rei Artur e Godofredo de Bouillon –, tudo isso num extraordinário esforço iluminista para criar uma Escola Cortesã comparativista em que as artes liberais (*artes liberales*) fossem ensinadas e depois disseminadas pelo mundo. A primitiva Igreja de Nossa Senhora (da qual o famoso Octógono continua de pé, formando a porção central da sequência de edifícios ainda existentes) foi sem dúvida, na época, a mais magnífica construção em pedra ao norte dos Alpes.

Se, hoje, o leitor sair da catedral, caminhar até o fim da rua e virar à direita, chegará ao grande tesouro da catedral de Aix, onde jazem as famosas "relíquias" mencionadas por Nostradamus no verso um. Uma das relíquias primárias (os restos mortais de santos, etc., em oposição a objetos meramente ligados a eles) é conhecida como o Relicário do Braço e tem a forma de uma "mão" erguida (a mão que empunhava a famosa espada de Carlos Magno, a *Joyeuse* ou "Jovial", sepultada com seu dono); ali, o rádio e o cúbito do braço direito de Carlos Magno podem ser vistos claramente atrás de um painel de cristal de rocha.

Há também os três relicários menores de Aix que contêm, segundo a crença, o cinto da Virgem Maria, o cinto de Jesus Cristo e o chicote com que este foi vergastado a caminho do Calvário. Finalmente, vemos o relicário gótico de três torres que, além de encerrar o fêmur de Carlos Magno, encerraria também um pedaço do prego da Cruz, uma lasca da própria Cruz e um fragmento da Coroa de Espinhos. Durante a Idade Média, na época das peregrinações anuais ao santuário, pessoas vinham da Europa toda a fim de contemplar as relíquias, mas depois o costume mudou para uma visita a cada sete anos.

Considerando-se a importância simbólica de Aix para a sensibilidade europeia, foi decidido, durante a Segunda Guerra Mundial, que a catedral não sofreria bombardeios durante as incursões. Uma patrulha foi então enviada para demarcar o sítio da catedral e as tripulações dos bombardeiros (principalmente inglesas) com efeito evitaram destruir o que Nostradamus chama significativamente de a "casa" da Europa. Em 21 de outubro de 1944, houve uma rendição alemã maciça em Aix, que finalmente restaurou a paz tão tocantemente descrita por Nostradamus no verso quatro e pôs fim, de uma vez por todas, aos "sonhos ocos" do "pagão" (pelo menos nos termos de Carlos Magno) Adolf Hitler.

Resumo

Uma quadra notável que lembra o bombardeio de Aix, cuja catedral, túmulo e relicários de Carlos Magno, o pai fundador da Europa, foram conscienciosamente poupados.

Tema

A INVASÃO DE MÔNACO

Data

1943

Data do índice de Nostradamus

10

Número da centúria

3

De sang et faim plus grande calamité
Sept fois s'appreste à la marine plage,
Monech de faim, lieu prins, captivité,
Le grand mené croc en ferrée caige.

Uma calamidade ainda maior de sangue e fome
Sete vezes se prepara na costa
Mônaco está faminta, capturada, tomada
O grande dependurado numa gaiola de ferro.

Predição

Aqui, precisaremos ignorar a data do índice, pois a quadra se refere indubitavelmente à Segunda Guerra Mundial e à captura de "Mônaco" em 1943, primeiro pelos italianos sob Benito Mussolini e depois pelos nazistas, após a queda deste último. A conexão de Mussolini é de particular interesse, porém, já que ecoa em outra quadra (2/24 – 1945: "Adolf Hitler"), na qual o fim do governante italiano – ele e sua amante foram "dependurados" em ganchos de uma trave num posto de gasolina de Guilino di Mezzegra – é descrito da mesma maneira: *En caige de fer le grand fera treisner*, "O grande homem será exibido numa gaiola de ferro".

Resumo

A dupla ocupação de Mônaco em 1943 – primeiro pelos italianos, depois pelos alemães.

Tema

O BOMBARDEIO ARRASADOR DA ALEMANHA E DA FRANÇA OCUPADA

Data

1943

Data do índice de Nostradamus

43

Número da centúria

5

La grande ruyne des sacrez ne s'esloigne,
Provence, Naples, Secille, seez et Ponce
En Germanie, au Ryn et à Cologne,
Vexés à mort par tous ceulx de Magonce.

A grande ruína sagrada não está longe
Provença, Nápoles, Sicília, sés e pontificados
Na Alemanha, no Reno e em Colônia
Atormentados mortalmente por
todos quantos não adoram o fogo.

Predição

Como a data do índice, 43, nos leva à Segunda Guerra Mundial, "*Magonce*" é aqui a palavra-chave – uma concatenação óbvia de duas palavras, *mage* e *once*. Os *mages* eram adoradores do fogo e *onc/onques*, em francês antigo, significa "nunca": daí, "todos quantos não adoram o fogo". Os Aliados se enquadram nitidamente nessa categoria, pois não iniciaram nem desejaram a guerra; além disso, janeiro de 1943 também coincide com o início dos bombardeios em massa da Alemanha e da França ocupada, que resultaram na destruição total ou parcial de todas as cidades e localidades mencionadas na quadra.

Resumo

O bombardeio em grande escala da Europa ocupada pelo Eixo começou em janeiro de 1943, culminando na virtual destruição do Velho Continente.

TEMA

A MARÉ DA GUERRA MUDA EM FAVOR DOS ALIADOS

DATA

1943

DATA DO ÍNDICE DE NOSTRADAMUS

43

NÚMERO DA CENTÚRIA

3

Gents d'alentour de Tarn, Loth et Garonne,
Gardés les monts Apennines passer,
Vostre tombeau pres de Rome et d'Anconne
Le noir poil crespe fera trophée dresser.

✳

Povos das cercanias do Tarn, do Lot, do Garona
E do Gard cruzam os montes Apeninos
Tua tumba perto de Roma e de Ancona
O homem de cabelos pretos e crespos erguerá um troféu.

Predição

O ano de 1943 viu a maré da guerra se voltar contra as potências do Eixo. "Roma" foi bombardeada pela primeira vez a 19 de julho e a linha férrea de "Ancona" a Pescara foi destruída pelo SAS em outubro ("tua tumba perto de Roma e Ancona").

O imperador Hailé Selassié ("o homem de cabelos pretos e crespos") finalmente teve a certeza de que a Etiópia não seria invadida novamente pelos italianos depois da declaração de guerra da Itália à Alemanha em 13 de outubro. E, na Conferência de Teerã, reunida de 28 de novembro a 3 de dezembro, as potências do Pacto Tripartite começaram a discutir formalmente a invasão da França ("Povos das cercanias do Tarn, do Lot, do Garona e do Gard cruzam os montes Apeninos").

Resumo

Uma quadra exata e de amplo alcance que descreve minuciosamente os acontecimentos da última metade de 1943, quando a maré da guerra finalmente começou a virar em favor dos Aliados.

Tema
O DIA-D DA RIVIERA FRANCESA
Data
5 de agosto de 1944
Data do índice de Nostradamus
23
Número da centúria
10

Au peuple ingrat faictes les remonstrances,
Par lors l'armee se saisira d'Antibe
Dans l'arc Monech feront les doleances,
Et à Frejus l'un l'autre prendra ribe.

Censuras são feitas ao povo ingrato
E então o exército toma Antibes
Sofrerão no golfo de Mônaco
E em Fréjus o moinho de vento mudará de mãos.

PREDIÇÃO

A Via Aureliana, uma das estradas romanas mais importantes da Europa, ligava Roma a Arles, passando por "Mônaco", "Antibes" e "Fréjus". Considerando-se a data do índice, 23, associar as três cidades mencionadas num período fora da época romana deveria ser fácil – pois, afinal de contas, são relativamente próximas –, mas a realidade é outra. A quadra não deve ser considerada claramente aplicável a Napoleão, pois, se este ficou preso por duas semanas no Château d'Antibes após a queda de seu protetor Robespierre, isso aconteceu em 1794, logo depois que ele expulsou os ingleses de Toulon. Uma leitura alternativa associaria a quadra ao Dia-D da Riviera Francesa em 1944.

RESUMO

Quadra pouco satisfatória que pode se aplicar tanto a Napoleão quanto ao Dia-D da Riviera Francesa, 5 de agosto de 1944, ocasião na qual paraquedistas americanos desceram perto de Fréjus e 60 mil homens desembarcaram entre Cavalaire e Agay, cerca de 30 quilômetros a oeste de Antibes.

Tema

O PAPA PIO XII

Data

1944

Data do índice de Nostradamus

44

Número da centúria

5

Par mer le rouge sera prins de pirates,
La paix sera par son moyen troublée:
L'ire et l'avare commettra par fainct acte,
Au grand Pontife sera l'armee doublee.

O vermelho está no mar e será capturado por piratas
Seus atos perturbam a paz
Cólera e avareza serão o fruto da recusa de agir
O exército será dominado pelo grande Pontífice.

PREDIÇÃO

Roma foi libertada nos dias 4 e 5 de junho de 1944 e a 8 do mesmo mês o papa Pio XII falou em sete línguas aos exércitos Aliados vencedores. A "recusa de agir" pode aplicar-se à reação morna do papa à deportação de judeus romanos e húngaros, que só cessou a 8 de julho, graças a ingerências políticas e à intervenção da Cruz Vermelha e do rei da Suécia (além dos Aliados).

RESUMO

Uma quadra um tanto vaga, que parece aplicar-se ao papa Pio XII ("o vermelho", isto é, o chefe dos cardeais de hábitos escarlates; "vermelho" era também a cor do diabo na França medieval) e às suas ações no curso de 1944, ano crucial na luta dos Aliados contra a Alemanha.

TEMA

O CERCO DE CALAIS

DATA

1944

DATA DO ÍNDICE DE NOSTRADAMUS

45

NÚMERO DA CENTÚRIA

8

La main escharpe et la iambe bandee,
Longs puis nay de Calais portera,
Au mot du guet la mort sera tardee,
Puis dans le temple à Pasque saignera.

✳

Com a mão retalhada e a perna atada
O filho mais jovem é levado para Calais
Sua morte é adiada pela senha
Mais tarde sangrará no templo durante a Páscoa.

Predição

Essa quadra tem um tom quase religioso, pois foi Jesus Cristo quem "sangrou no templo durante a Páscoa", ao ser açoitado antes da crucificação. Considerando-se a data do índice, 45, é bastante provável que os versos se refiram à Segunda Guerra Mundial e à libertação de "Calais" em 30 de setembro de 1944, após um cerco de sete dias (isso lembra o cerco de Calais pelo rei Eduardo III da Inglaterra, quase exatamente seiscentos anos antes, em agosto de 1347).

A identidade do "filho mais jovem" ferido permanece um mistério, embora as *Crônicas* de Froissart (que cobrem o período de 1322 a 1400, relatando o cerco medieval de Calais) contenham uma longa seção sobre o duelo entre lorde de Chary e sir Piers Courteney, a quem aquele escoltava a Calais após o final de um torneio em regra diante do rei em Paris. Os dois homens montaram seu torneio particular à entrada da cidade e sir Piers recebeu um golpe de lança no ombro. Mais tarde, foi levado para Calais por seus amigos, enquanto De Chary permanecia algum tempo na prisão por ferir um homem sob a proteção do rei da França.

Resumo

Essa quadra descreve o cerco de Calais em 1944 por tchecos e canadenses, bem como o ferimento de um combatente não nomeado – história que Nostradamus deve ter extraído das *Crônicas* de Froissart.

T E M A

ADOLF HITLER

D ATA

1945

D ATA DO Í NDICE DE N OSTRADAMUS

24

N ÚMERO DA CENTÚRIA

2

Bestes farouches de faim fluves tranner:
Plus part du camp encontre Hister sera,
En caige de fer le grand sera treisner,
Quand Rin enfant Germain observera.

Com fome de bestas selvagens cruzarão os rios
A maior parte do país será contra Hister
O grande homem será exibido numa gaiola de ferro
O filho alemão [do Reno] não verá nada.

PREDIÇÃO

Quadra justamente famosa que parece associar a palavra "Hister" (Hitler/Danúbio) a "alemão" e que relata, no verso três, o destino do principal aliado de Adolf Hitler, Benito Mussolini, cuja morte é acuradamente descrita ("exibido numa gaiola de ferro"): após seu fuzilamento e o da amante, Clara Pettacci, em Guilino de Mezzegra, perto do lago Como, Itália, os corpos foram levados para Milão e dependurados com ganchos numa trave metálica de um posto de gasolina da Piazzale Loreto. "*Hister*" tem mais um vínculo com Hitler além da homofonia, pois era o nome latino do Danúbio: Hitler nasceu junto a um afluente desse rio, em Braunau am Inn, e cresceu em Linz, cidade situada às suas margens. Nostradamus emprega a palavra *Hister* de novo em 5/29 – 1629: "O xá Abas II, o Grande", e em 4/68 – 1768: "As tribulações do papa Clemente XIII" (ambas as profecias podem ser lidas em meu *The Complete Prophecies of Nostradamus*), mas nessas duas ocasiões somente no sentido de "Danúbio".

O verso um leva ainda mais longe o simbolismo do rio, pois se refere claramente ao exército russo, que cruzou o Elba e o Vístula em 1945 ("cruzarão os rios") para invadir a Alemanha antes de violentar, como "bestas selvagens", dezenas de milhares de mulheres alemãs numa vingança, premeditada, pelos horrores de Stalingrado.

O último verso é verdadeiramente assombroso, pois parece ecoar a reiterada declaração de milhões de alemães, após a guerra, de que nunca tinham ouvido falar da chamada Solução Final de Hitler ("o filho alemão não verá nada").

Resumo

Bela quadra, que associa os quatro "rios" – Reno, Danúbio, Elba e Vístula – às pessoas que os cruzam ou nascem às suas margens. Ela também liga Hitler, Benito Mussolini e o carrasco da Alemanha, o vingativo e embrutecido exército russo, numa clara descrição do último e catastrófico ano da Segunda Guerra Mundial.

TEMA

A QUEDA DO TERCEIRO REICH

DATA

1945

DATA DO ÍNDICE DE NOSTRADAMUS

45

NÚMERO DA CENTÚRIA

5

Le grand Empire sera tost désolé,
Et translaté pres d'arduer ne silve
Les deux bastardz par l'aisné decollé,
Et regnera Aenobarbe, nay de milve.

✳

O grande Império será completamente devastado
E feito, perto das Ardenas, em pedaços
Os dois bastardos serão degolados pelo primogênito
Enobarbo, nariz de falcão, reinará.

– 246 –

PREDIÇÃO

O nome latino da floresta das Ardenas era "*Ardvenna Silva*" (ver verso dois em francês), acepção provável do que pode ter sido um erro tipográfico (corrigido em edições posteriores das *Centúrias*). No entanto, *ardu* é também um adjetivo do francês antigo que quer dizer "árduo"; *ne* é "não" e *silves*, além de significar "selva", aplica-se também a uma coleção de peças disparatadas (como as feitas por poetas latinos tardios) – e bem sabemos como Nostradamus gosta de trocadilhos e jogos de palavras!

Dito isso, a quadra trata evidentemente da destruição do Terceiro Reich em 1945 ("o grande Império será completamente devastado"), em seguida à campanha sangrenta nas Ardenas de Von Rundstedt (16 de dezembro de 1944 a 25 de janeiro de 1945). Os "dois bastardos" são Hitler e Mussolini, que morreriam com uma diferença de dois dias e menos de três meses após os acontecimentos aqui mencionados. Enobarbo significa "o de barba de bronze" e se refere à transformação mágica de uma barba negra, por Castor e Pólux (os Dióscuros), em bronze, após a batalha do lago Regilo. A antiga família Enobarbo, em Roma (a que a lenda se aplicava), foi descrita por Suetônio como afetada por um "traço vicioso" e o orador Licínio Crasso disse de um de seus membros:

Essa barba de bronze deveria mesmo nos surpreender?
Ora, se o homem tem um rosto de ferro e um coração de chumbo!

Resumo

Perguntamo-nos: o político de "nariz de falcão" que reinará após a ruína da Alemanha em 1945 será Stalin – o "homem de aço" a quem Crasso atribuiu "um rosto de ferro"? Seja como for, a quadra é brilhante, com data precisa e exatidão geográfica.

PARTE III

O TERCEIRO ANTICRISTO: "AQUELE QUE AINDA ESTÁ POR VIR"

AS QUADRAS CONCATENADAS DO "TERCEIRO ANTICRISTO" DE NOSTRADAMUS

Deixando agora de parte os séculos XIX e XX com todas as suas calamidades e para enfatizar a ameaça muito real que segundo Nostradamus ocorrerá durante o XXI, farei o que nunca foi feito antes. Vou concatenar minha tradução inglesa de todas as quadras de Nostradamus referentes ao Terceiro Anticristo numa narrativa contínua (remeto o leitor ao capítulo intitulado "O Terceiro Anticristo: Aquele Que Ainda Está Por Vir" para o comentário verso por verso do poema).

O leitor sem dúvida concordará, ao ler os versos seguintes, que eles formam um poema dramático verdadeiramente impressionante:

Manchado de assassinatos em massa e adultérios
Esse grande inimigo da humanidade
Será pior que qualquer homem antes dele
Em aço, fogo e água, sanguinário e monstruoso
Embora nascido pobre, conquistará o poder supremo
Tiranizará e arruinará seu povo
Arregimentando um exército de mil anos
Parecerá venturoso, mas isso lhe custará vidas e dinheiro

Leite e sangue de rãs escorrem na Dalmácia
A batalha se trava, há peste nas imediações de Balennes
Lamentos ecoarão pela Eslovênia escravizada
Quando o monstro nascer perto de Ravena
Durante o eclipse total do sol
O monstro será visto à plena luz do dia
Será mal interpretado
Ninguém adivinhará o alto custo
Nas profundezas ocidentais da Europa
Uma criança nascerá de pais pobres
Seduzirá a multidão com sua língua
O rumor de sua reputação crescerá no reino oriental
Um grande Rei cai nas mãos de um jovem
Há confusão na época da Páscoa e um golpe de punhal
Cativos de longa data e o fogo de santelmo
Quando três irmãos se ferem e se matam
O jovem Nero, em três chaminés
Queimará a palavra viva em seu ardor
Feliz quem estiver longe dessas práticas
Três de seu próprio sangue o verão morrer
Mabus, morto embora, retorna
Homem e animal sofrem terrivelmente
Então, de súbito, sobrevém a vingança
Muito sangue, sede, fome quando o cometa passa
Ante a peste, a terra se encolhe
A paz reinará por algum tempo

As pessoas viajarão pelo céu como pássaros, pelo mar e pela onda
Antes que a guerra recomece
O primeiro-ministro de Londres, às ordens da América
Congelará o enclave escocês
Os Rob Roys, seguindo tão falso Anticristo
Serão envolvidos na confusão
As brilhantes façanhas do líder recém-eleito
Serão sopradas para o sul pelo grande vento norte
Grandes recintos serão erguidos com seu próprio suor
Fugindo, é morto nos bosques de Ambellon
A grande montanha de cerca de sete estádios
Após a paz, a guerra, a fome, a inundação
Rolará para longe destruindo vastas áreas do país
Mesmo construções antigas e alicerces poderosos
Das regiões governadas pela Libra
Uma grande guerra eclodirá, forte o bastante para abalar grandes
   montanhas
Ambos os sexos serão capturados e toda a Bizâncio
E gritos serão ouvidos ao amanhecer, de país a país
Armadura cortante está oculta em tochas
Dentro de Lião no dia da montanha sagrada
Os de Viena serão esfacelados
Pelos cantões latinos; Macon não mente
A lança dos céus completará sua extinção
Falará de morte: uma terrível execução
A nação orgulhosa voltará à pedra na árvore

Rumores de um monstro humano e brutal trazem primeiro a
   catarse e depois o sacrifício
Ele entrará, feio, mau e infame
Tiranizará a Mesopotâmia
Amigos sustentarão que o adúltero tem alma
A terra é horrível e negra de aspecto
Os ilhéus enfrentarão um longo cerco
E se defenderão vigorosamente
Os de fora serão assaltados pela fome
Uma fome pior do que quantas a precederam
O grito de um pássaro extraordinário será ouvido
Ribombando pelos dardos do ar
O preço de um alqueire de trigo subirá tanto
Que o homem fará do homem um canibal
O tão esperado nunca voltará
À Europa, mas reaparecerá na Ásia
Um da confederação, descendente do grande Hermes
Superará todos os outros reis do Oriente
O Terceiro Anticristo logo será aniquilado
Sua guerra durará vinte e sete anos
Os hereges estarão mortos, cativos ou exilados
Sangue humano tinge a água que cobre a terra com granizo
Por arcos de fogo, piche e chama são repelidos
Gemidos, gritos e brados à meia-noite
São arremessados de dentro das defesas tombadas
Os traidores escapam por passagens secretas

Júbilo repentino em meio a súbita tristeza
Explodirá em Roma dos favores zelosamente guardados
Lamentações, gritos, lágrimas, pranto, sangue, grande alegria
Opondo grupos surpreendidos e trancados
A eterna, rígida e fatal ordem das coisas
Mudará de rumo graças a uma nova ordem
A velha ordem grega será rompida
Sua cidadela, tomada; o inimigo não será aceito
O sangue de inocentes, viúvas e virgens
O grande Vermelho perpetra inúmeros males
Imagens sacras são envoltas na luz das velas votivas
Aterrado e amedrontado, o povo já não se move
Perto do grande rio, um fosso se abrirá; a terra será tragada
A água escorrerá por quinze canais
A cidade cai; fogo, sangue e gritos se misturam
Muitos deles causados pela colisão
O pássaro real voará por sobre a cidade do sol
Sete meses antes haverá um augúrio noturno
A muralha oriental ruirá em meio a trovões e relâmpagos
Por sete dias seguidos o inimigo estará às portas.
O grande ralhador, audacioso e impudente
Será eleito chefe do exército
A petulância de sua argumentação
Fará com que a ponte caia e a cidade desmaie de medo
Quando até as maiores árvores tremerem
E o vento sul parecer coberto de sangue

Muitos tentarão escapar
Viena e toda a Áustria tremerão à sua passagem
Fréjus, Antibes e as cidades perto de Nice
Serão devastadas por terra e mar
Gafanhotos virão em ventos propícios
Sequestro, morte, estupro, pilhagem, nenhuma lei marcial
Quando o sol estiver em 20° em Touro, um grande terremoto
Destruirá totalmente o Grande Teatro superlotado
Ar, céu e terra ficarão escuros e instáveis
A ponto de mesmo os Infiéis orarem a Deus e aos santos para
    guiá-los
Ele nascerá do poço e da cidade imensurável
Fruto de pais tenebrosos e infernais
Que quer que o poder do grande e venerável rei
Seja destruído por Ruão e Evreux
O velho demagogo, com a medida de sal oscilando
Será instado a nunca libertar o cativo
O ancião, embora não fraco, não quer ser caluniado
Por meios legais ele o entrega aos amigos
Parecerá aos homens que os deuses
Foram os autores da grande guerra
Outrora, há muito tempo, o céu estava livre de armas
Mas agora, na mão esquerda, muito dano ainda está por vir.
Terras antes habitadas não se prestarão mais à vida humana
Campos cultiváveis serão divididos
O poder será dado a tolos excessivamente cautelosos

Daí por diante, morte e discórdia para os grandes irmãos
Novas leis governarão novas terras
Na Síria, Judeia e Palestina
O grande império bárbaro decairá
Antes de Febo completar seu domínio do século
O tempo presente e o tempo passado
Serão julgados pelo grande comediante
O mundo se cansará dele quando for muito tarde
Tendo desertado seu clero convencional
Quando o grande número sete se completar
Jogos começarão do lado do Túmulo
Não longe da passagem do Milênio
Os mortos sairão de seus sepulcros.

Após a descrição bastante exata dos dois primeiros Anticristos, Napoleão Bonaparte e Adolf Hitler, em respectivamente 47 e 30 quadras, sua apresentação do Terceiro Anticristo, em outras 36, torna-se ainda mais sinistra.

Ficamos sabendo que esse homem iniciará, como seus dois predecessores, uma guerra global e não simplesmente pan-europeia, mas em escala não superada sequer pelos dois conflitos mundiais. Além disso, os antecedentes e as consequências dessa luta catastrófica irão, literalmente, mudar a face da terra.

Se observarmos atentamente o capítulo intitulado "As quadras concatenadas do 'Terceiro Anticristo' de Nostradamus", no qual combinei todos os versos originais de Nostradamus referentes ao Anticristo num poema narrativo contínuo, vários segredos potenciais são revelados. Para começar, a verdadeira natureza da Besta é delineada com clareza.

Vou agora analisar o poema verso por verso, enfatizando certos elementos e informações-chave que, a meu ver, podem lançar luz sobre o caráter e o significado, para a humanidade, "daquele que ainda está por vir".

O primeiro verso do poema de Nostradamus – que chamarei doravante de Concatenação, para maior facilidade de referência – apresenta-o com extrema clareza. Ele será ao mesmo tempo um "assassino de massa" e um "adúltero". Convém lembrar aqui que adultério/adulteração não pressupõe apenas traição conjugal. É também um termo alquímico. Nostradamus sem dúvida o emprega nesse sentido, descrevendo alguém que adultera ou dissolve – isto é, um homem que debilita, modifica, transforma as coisas. A pessoa em questão é também o "grande inimigo da humanidade" – em outras palavras, é o inimigo de todos e por fim arruinará até mesmo aqueles que lhe obedecem cegamente (como fizeram Hitler e Napoleão aos seus seguidores).

À semelhança de Jesus – do qual é a imagem especular –, o Terceiro Anticristo "nascerá pobre". Isso, aparentemente, lhe garante prestígio, permitindo-lhe arregimentar os pobres e humildes do mundo, os quais acreditam erroneamente que ele é um dos seus – como pensaram que Hitler o fosse (saiu da Primeira Guerra Mundial como cabo ou, na terminologia americana, soldado de primeira classe – seu próprio nome significa "aquele que vive numa cabana"), como também Napoleão, pois este iniciou carreira vindo de baixo, embora pertencesse à pequena nobreza do campo e disso se beneficiasse em termos tanto financeiros quanto sociais.

"Parecerá venturoso": pense-se nas primeiras campanhas de Napoleão e Hitler. Ambos pareciam ter muita sorte, com Hitler, em particular, se aproveitando do conceito originalmente russo de "guerra relâmpago", de que se dizia criador. Essa "sorte" atraiu para o campo do Anticristo pessoas que de outra forma hesitariam em fazê-lo: o mundo sempre valorizou o homem "venturoso", acreditando talvez que essa condição fosse contagiosa.

"Será mal interpretado": isto é, de novo como no caso de Adolf Hitler, pessoas bem intencionadas julgarão erroneamente o Terceiro Anticristo um homem bom (milhares de mulheres alemãs, em tudo o mais sensatas, acreditavam que o Führer fosse o modelo do marido ideal e sempre lhe escreviam dizendo isso, juntando à carta a chave de sua casa).

Ele "queimará a palavra viva em seu ardor": todos os tiranos – desde Júlio César (que inadvertidamente incendiou a grande Biblioteca de

Alexandria quando deitou fogo aos seus navios no porto da cidade) até o bispo de Landa no Yucatán (que queimou os Códices Maias) e Adolf Hitler por meio de Josef Goebbels e alguns estudantes crédulos, que lançaram à fogueira 25 mil livros pretensamente antigermânicos em Berlim, no dia 10 de maio de 1933, como parte de um movimento nacional de reafirmação dos valores tradicionais – julgaram conveniente, a certa altura, queimar as obras de quem discordava deles ou impedir a livre expressão de ideias. Heinrich Heine, o grande poeta e humanista judeu alemão, escreveu em seu *Almansor* (1821): "*Dort, wo man Bücher verbrennt, verbrennt Mann am ende auch Menschen*" – "Aqueles que queimam livros, acabam cedo ou tarde por queimar homens".

"Mabus, morto embora, retorna": eis outro eco fugidio da reencarnação de Jesus Cristo (do qual o Terceiro Anticristo é a imagem especular pervertida). *Abus*, em francês, significa "abuso" ou "mau uso" e *Je m'abuse* pode ser traduzido por "Eu me prejudico". Já *maboul*, que tem certa homofonia com *mabus*, quer dizer "lunático" ou "excêntrico".

Haverá mesmo um período de falsa paz ("A paz reinará por algum tempo"), como ocorreu na época de Hitler, depois que o hoje ridículo discurso do primeiro-ministro britânico, Neville Chamberlain, sobre "paz em nosso tempo" comemorou o fraudulento e malconcebido Tratado de Munique, de 30 de setembro de 1938. O mesmo ocorreu na Europa napoleônica após o Tratado de Amiens de 27 de março de 1802, que iniciou um curioso período de um ano durante o qual o turismo renasceu, permitindo que elegantes senhoras inglesas e seus maridos frequentassem novamente os costureiros parisienses (as hostilidades, por assim dizer de maneira inevitável vistas em retrospecto, recrudesceram a 16 de maio de 1803).

A futura Grande Guerra ("forte o bastante para abalar grandes montanhas"), provocada pelo Terceiro Anticristo, será precedida por uma série de eventos, entre os quais o choque contra a terra de um cometa ("a grande montanha de cerca de sete estádios... rolará para longe destruindo vastas áreas do país") e a morte de um "líder recém--eleito" nos "bosques de Ambellon". Ambellon, aqui, é muito provavelmente um anagrama de "Belona", a antiga deusa romana da guerra (*bellum*, em latim, significa "guerra"), cujos sacerdotes costumavam lancetar a coxa e usar o sangue em seus ritos "proféticos".

"Rumores de um monstro humano e brutal trazem primeiro a catarse e depois o sacrifício": eis aí um conceito fascinante, pois tradicionalmente a catarse (purgação ou purificação) se segue ao sacrifício (que Aristóteles chama de "evacuação"). Ora, segundo Walter Burkert em *The Orientalizing Revolution*, na prática catártica grega, "o sangue é purificado pelo sangue... o porco deve ser morto de tal maneira que o sangue espirre sobre o homem poluído; em seguida, o sangue é lavado...", tal como fez Apolo em Trezena no caso de Orestes (que havia, até certo ponto justificadamente, matado sua mãe, Clitemnestra), para lhe lavar a culpa (Orestes morreu feliz em idade avançada, aos 90 anos). Mas, e se o sistema for invertido? Então, por certo, a culpa não é lavada, mas renovada!

"Amigos sustentarão que o adúltero tem alma": isso retoma claramente o primeiro verso da Concatenação e faz eco às esperanças fantasiosas dos primeiros aliados de Hitler e Napoleão, os quais conseguiram se convencer de que, apesar das aparências em contrário, seus líderes talvez não fossem os tratantes assassinos que, no fundo, suspeitavam que eram.

Uma "fome" se segue e "o grito de um pássaro extraordinário" se faz ouvir, "ribombando pelos dardos do ar". Seria ele o Roca, pássaro fabuloso branco e de enorme tamanho que, segundo as Mil e Uma Noites, era capaz de erguer elefantes com as garras e levá-los para seus ninhos? Ou a Fênix, outra ave fabulosa que, depois de viver certo número de anos, preparava para si mesma uma pira de ervas aromáticas, entoava um canto fúnebre ("o grito de um pássaro extraordinário"), imolava-se e ressurgia para repetir exatamente a mesma vida de antes (lembremo-nos: cinco parágrafos atrás, "Mabus, embora morto, retorna")?

A imagem de Nostradamus no verso 73 da Concatenação, "o homem fará do homem um canibal", parece bastante clara – Cormac McCarthy, por exemplo, emprega-a brilhantemente em seu romance *The Road*, sobre o fim do mundo/Armagedom. Mas acho também que Nostradamus lhe atribui uma conotação metafórica, no sentido, digamos, do homem-bomba que se destrói *e* às suas vítimas perpetrando o que, erroneamente, julga ser um assassinato justificável.

E eis-nos de volta ao número "sete", tão querido de Nostradamus (ver, no início do capítulo "Os Anticristos de Nostradamus", o exame do significado que esse número possa ter tido para o vidente). "Sete meses antes haverá um augúrio noturno", "Por sete dias seguidos o inimigo estará às portas", "Quando o grande número sete se completar, jogos começarão do lado do Túmulo". Sete, nesse contexto, representa inquestionavelmente uma soma – e o fim, se quisermos, da santidade, do tempo sagrado.

É que, na análise final, Nostradamus sem dúvida acreditava que seus poderes de predição apenas abrangiam, em detalhe, um período de mais ou menos setecentos anos, do século XV ao XXI. No entanto, fica claro igualmente que para ele as peripécias do Terceiro Anticristo não resultarão no que os escatologistas chamam o "fim do mundo" ou "Armagedom". Isso ocorrerá, segundo Nostradamus, cerca de 7 mil anos depois do nascimento de Jesus Cristo e envolverá um Juízo Final a cargo do "Grande Comediante".

Assim, o que Nostradamus parece descrever em suas 36 quadras alusivas ao Terceiro Anticristo é menos um holocausto que um reposicionamento virtual do mundo *antes* do Armagedom – um giro final, em seu eixo, de um mundo que ainda disporá de 5 mil anos até o advento do Terceiro Anticristo, durante os quais poderá digerir as lições aprendidas a seu respeito. Significará isso que outros Anticristos virão? Ninguém sabe. Nostradamus, certamente, não se ocupa deles.

Sua última imagem grandiosa, no verso que fecha a Concatenação, "os mortos sairão de seus sepulcros", constitui porém uma referência clara à tradição da igreja ortodoxa grega das pinturas do Juízo Final. Dessas, talvez os melhores exemplos sejam os que ainda continuam visíveis na parede oeste externa do mosteiro de Voronet, em Suceava, Romênia, pintados em vida de Nostradamus (cerca de 1547 – Nostradamus viveu de 1503 a 1566), sob a égide do arcebispo Gregório Rosca.

O mural, que visitei e fotografei em 2009, é traçado em cinco registros horizontais, com "a cena toda cruzada, como a diagonal de um trapézio, pelo rio do fogo do Inferno". No canto direito inferior, na cena intitulada *A Ressurreição dos Mortos durante o Juízo Final*, vemos nitidamente os mortos saindo aos pares, homem e mulher, da tumba comum, tal como Nostradamus descreve em sua última quadra. Eles envergam mortalhas brancas (sugerindo talvez a volta à inocência do nascimento/renascimento) e respondem claramente ao chamado da trombeta de um anjo.

Mas eis o que é mais curioso. Os mortos vêm acompanhados em sua jornada por alguns animais simbólicos – cão, raposa, urso, leão, dragão, serpente, lobo e javali –, cada qual trazendo na boca um coração humano a fim de devolver a Deus as almas que devoraram em vida.

Só o cervo não carrega nada na boca, pois, não sendo carnívoro, é considerado inteiramente inocente e não precisa devolver nada.

MAPA ASTROLÓGICO DO
TERCEIRO ANTICRISTO

Tendo em mente tudo o que sabemos, graças a Nostradamus, sobre os possíveis detalhes da concepção e nascimento do Terceiro Anticristo, poderemos agora imaginar, com alto grau de exatidão, qual seja o seu mapa astral. Sabemos por exemplo, pela quadra 3/34 – 2034: "Nascimento do Terceiro Anticristo" – Presságio III, que ele será concebido no período imediatamente após o eclipse solar total de 20 de março de 2034 – eclipse visível na África Central, no Oriente Médio (inclusive Egito e Irã) e Sul da Ásia (inclusive Índia e China) – e nascerá no Ano Novo de 2035. Sabemos também que esse nascimento se dará nos limites de um triângulo que incorporará aproximadamente Ravena, na Itália, Ravna Reka, na Sérvia, e Ravne na Koroskem, na Eslovênia. Se observarmos bem esse triângulo, veremos que o ponto central óbvio, no âmbito de uma média aceitável, é Banja Luka, na Bósnia e Herzegovina (palco dos piores desmandos da limpeza étnica durante a Guerra da Bósnia, que incluíram a destruição de dezesseis mesquitas pelas autoridades sérvias de Radovan Karadzic). Usarei então Banja Luka, à falta de melhor, como localização geográfica e base do mapa astral do Terceiro Anticristo.

Admitamos então, por um momento, que sua concepção ocorra por volta de 21 de março. A Organização Mundial da Saúde reconhece o período de 37 a 42 semanas para uma gravidez normal, com a época média do parto ocorrendo quarenta semanas depois da última menstruação (presumindo-se que a mãe tenha um ciclo regular de 28 dias). Em suma, o nascimento acontece cerca de 38 semanas, em média, após a concepção, o que perfaz 266 dias.

Sabemos, porém, que isso não ocorrerá no caso do Terceiro Anticristo porque Nostradamus situa seu nascimento em 2035. Aceitemos, pois, que o Terceiro Anticristo vá nascer no dia de Ano Novo – data ao mesmo tempo simbólica e ironicamente exata. Isso significaria um parto após 286 dias, com data de concepção em 21 de março, o que parece tardio demais. Deduzindo uns dez ou onze dias a partir do último ciclo menstrual, chegamos ao termo em 275 dias e à data de nascimento de 1º de janeiro de 2035, o que nos dá um parto depois de 39 semanas. Portanto, um bebê normal em prazo normal.

Segue-se o que ocorrerá se considerarmos como data de nascimento do Terceiro Anticristo o 1º de janeiro (dia de Ano Novo) de 2035 um pouco depois da meia-noite, na localização geográfica central de Banja Luka, na Bósnia e Herzegovina. Tenham em mente os leitores que este é um exercício puramente teórico.

MAPA ASTRAL DO TERCEIRO ANTICRISTO

Nascimento: 1º de janeiro de 2035 (segunda-feira)
Hora: 00h05 (HML – 1,00)
Lugar: Banja Luka, Bósnia e Herzegovina
Localização: 44N46 17E11

Tábua planetária

Sol em Capricórnio
Ascendente em Libra
Lua em Libra
Mercúrio em Capricórnio
Vênus em Escorpião
Marte em Escorpião
Júpiter em Áries
Saturno em Leão
Urano em Câncer
Netuno em Áries
Plutão em Aquário
Meridiano em Câncer
Nodo norte em Virgem

Aspectos planetários

Sol: quadratura desafiando Lua
Sol: quadratura desafiando Júpiter
Sol: oposição a Urano
Sol: quadratura desafiando Ascendente
Sol: oposição a Meridiano
Lua: oposição a Júpiter
Lua: sextil cooperando com Saturno
Lua: quadratura desafiando Urano
Lua: conjunção com Ascendente
Mercúrio: sextil cooperando com Vênus
Mercúrio: sextil cooperando com Marte
Mercúrio: oposição a Saturno
Mercúrio: quadratura desafiando Netuno
Vênus: conjunção com Marte
Vênus: quadratura desafiando Plutão
Marte: quadratura desafiando Plutão
Júpiter: trígono se harmonizando com Saturno
Júpiter: quadratura desafiando Urano
Júpiter: oposição a Ascendente
Urano: quadratura desafiando Ascendente
Urano: conjunção com Meridiano
Netuno: sextil cooperando com Plutão
Plutão: trígono se harmonizando com Ascendente

Resumo astrológico

Este homem gosta de ficar sozinho. É disciplinado, prático e prudente – mas também, às vezes, avaro e arredio. Isso pode ser exacerbado por seu ascendente em Libra, que exagera a incapacidade de autocrítica, alimenta o orgulho e agrava a recusa a aceitar os próprios defeitos (Adolf Hitler também tinha ascendente em Libra).

O Terceiro Anticristo será cioso de suas prerrogativas: jamais tolerará deslealdades. O mundo material lhe importará muito mais que o mundo das emoções. Quererá exercer controle direto sobre tudo à sua volta e delegará pouco ou nenhum poder. Mirará o topo e lá desejará ficar para sempre. Tais pessoas, no fundo, são inseguras e disfarçam isso alardeando autoconfiança. O Terceiro Anticristo ficará sozinho no topo, mas se recusará a mostrar fraqueza ou vulnerabilidade, isolando-se assim inteiramente de todas as boas influências em sua vida. Não terá mentores. Não pedirá conselhos. Não ouvirá nada.

A Lua do Terceiro Anticristo, em Libra, fará com que ele pareça diplomático – e até um pacifista. Mas a agressividade inata desse homem se mostrará quando as coisas não caminharem a seu gosto, e ele dará vazão à cólera se desconfiar que não foi tratado como merecia.

Mercúrio e o signo solar em Capricórnio dão ao Terceiro Anticristo todas as facilidades para se livrar de rivais. Calculista e atento, ele julga com calma aquilo que mais lhe convém.

Vênus em Escorpião pode fazer dele também um libertino, motivo pelo qual Nostradamus emprega a palavra "adultério" no verso um da Concatenação. Terá problemas para expressar o que sente pelos semelhantes e se aproveitará deles sexualmente, quando não os usar como simples objetos (pense-se em Mussolini, Stalin e MaoTsé-Tung, que se aproveitaram do poder e dos privilégios para obter gratificação sexual). Marte, também em escorpião, exacerba essa tendência, fortalecendo a natureza possessiva e libidinosa da Besta. Com muita probabilidade, ele tentará compensar suas deficiências emocionais com um sigilo obsessivo.

Júpiter em Áries apenas aumentará o desprezo do Terceiro Anticristo pelas possíveis consequências. Isso caracteriza bem as pessoas indiferentes ao mal que fazem a seus semelhantes. Na pior das hipóteses (e o leitor me perdoará se insisto aqui no lado negativo!), elas são vaidosas e presunçosas, nunca deixando de trombetear as glórias aos quatro ventos e esmagando os outros ao peso de suas pretensas façanhas. Saturno e Leão vêm consolidar a natureza autocrática da Besta, impedindo-a de ver as coisas como são e fazendo-a vê-las como gostaria que fossem.

O Terceiro Anticristo, orgulhoso e resoluto, exibirá uma firme tendência a recusar limitações a seus atos, quaisquer que sejam. Nem mesmo quando alcançar o pináculo de suas ambições esse homem ficará satisfeito, mas forçará ainda mais as circunstâncias até não haver mais possibilidade de retorno. Oportunidades perdidas, julgamento falho, ingratidão para com a lealdade alheia: o Terceiro Anticristo é autoritário no mais alto grau e pode parecer austero depois de conquistar o poder absoluto.

Urano e Câncer reforçam a natureza idiossincrática da Besta. Ela será taciturna, volúvel e sujeita a violentas alterações de humor, a ponto de seus subalternos se sentirem confusos quanto aos verdadeiros intentos do tirano. Isso se deve ao seu signo solar de Capricórnio, que nos aspectos negativos pode levar às inibições e à insegurança, defeitos quase sempre ocultos por trás desses comportamentos imoderados.

Enfim, com Câncer por Meridiano associado a Libra em ascensão, as inquietudes abalarão ainda mais a autoconfiança do Terceiro Anticristo, tornando-o uma criatura humana potencialmente perigosíssima.

CALENDÁRIO DO
TERCEIRO ANTICRISTO

2010: Nostradamus nos adverte de que o Terceiro Anticristo será ainda mais destrutivo que seus dois predecessores. Seus atos conspurcarão e distorcerão a história do século XXI.

2032: O Terceiro Anticristo logo nascerá e isso será uma catástrofe para o mundo.

São fornecidos três possíveis lugares de nascimento do Terceiro Anticristo: Ravena, na Itália, Ravna Reka, na Sérvia, e Ravne na Koroskem, na Eslovênia. Todos esses países devem recear pelo futuro.

2034: O eclipse total de 20 de março pressagiará o nascimento do Terceiro Anticristo. Ele será concebido logo depois desse fenômeno e virá ao mundo no dia de Ano Novo.

2035: O Terceiro Anticristo nasce de pais pobres. Nostradamus prediz que ele provocará uma guerra global e danos ecológicos em escala sem predecentes.

2036: Algumas seitas considerarão o Terceiro Anticristo o Segundo Advento. Essa sugestão prejudicará tanto a Igreja Cristã quanto a comunidade mundial.

2053: O Terceiro Anticristo começa a edificar sua base de poder. Estabelece-se uma censura rígida. Nostradamus compara o Anticristo ao jovem Nero.

2062: Surge uma epidemia mundial, permitindo ao Anticristo consolidar seu poder junto aos desiludidos. Nostradamus cunha o termo Mabus.

2063: Em seguida ao horror da epidemia, há um curto hiato durante o qual o mundo goza nominalmente da paz. O Anticristo se aproveita do fato para reunir forças, como fez Hitler no período de apaziguamento.

2066: Nostradamus pinta também um quadro mais restrito. A Escócia, imprevidentemente, cede ao vigor da oratória do Anticristo, aliando-se às forças das trevas contra a Inglaterra.

2069: Correm rumores de uma futura guerra global, a despeito dos esforços de um novo líder do mundo livre.

Um asteroide se choca com a terra, causando imensos danos – uma amostra do que virá?

2070: Começa a Guerra Global, deflagrada pelo mundo islâmico. O Terceiro Anticristo, agora com 35 anos, alcança seu principal objetivo quando artefatos nucleares são usados nos campos de batalha.

A guerra é brutal e rápida. A terra sofre uma devastação sem paralelo. O Terceiro Anticristo entra em cena.

Tenta se valer da confusão pós-nuclear. As pessoas, em busca de um líder, são atraídas por ele, que instala sua nova base no Oriente Médio.

2071: A Inglaterra conseguiu de algum modo permanecer à margem do conflito. Torna-se agora o celeiro potencial da Europa arruinada, mas só tem o bastante para si mesma.

2075: Uma grande era humana chega ao fim. Tudo muda. O mundo mergulha num período de barbárie e incerteza.

O Terceiro Anticristo sobreviveu à guerra global de 2070. Agora, com apenas 40 anos de idade, procura ampliar sua esfera de influência do Oriente Médio para a Ásia.

2077: Nem tudo corre segundo a vontade do Terceiro Anticristo. Pela primeira vez, parece que ele pode falhar. O povo se insurge contra ele. O sangue cobre a terra.

A Grã-Bretanha tudo faz para proteger suas fronteiras. Quintas-colunas procuram solapar suas tentativas de permanecer longe da desordem, mas fracassam.

2078: Governos totalitários surgem por toda parte. Qualquer esforço para trazer de volta a democracia é brutalmente combatido.

2079: Dá-se uma mudança considerável na ordem do mundo. As forças democráticas arriscam, como os focídios, uma derradeira resistência e, para surpresa geral, são bem-sucedidas.

2080: Prossegue a degradação ecológica em grande escala como consequência da guerra termonuclear de dez anos antes. As pessoas, horrorizadas com o que sucedeu, se voltam para Deus.

A "ponta da bota" da Itália é destruída por um *tsunami*, provocado por um vulcão subterrâneo.

Outro *tsunami* devasta a área do Egeu, inclusive partes da Turquia.

2081: Surge um novo líder que tenta corrigir a situação. O povo o segue em massa.

2082: A degradação ecológica, provocada pela guerra termonuclear de 2070, prossegue. Um terremoto catastrófico ocorrerá, com epicentro perto da fronteira entre a República
Tcheca e a Áustria.

Há por toda a Europa pragas de gafanhotos, trazidos da
África por ventos irregulares.

2083: Um violento terremoto abala Nova York. Os danos serão
maiores que os da tragédia do 11 de Setembro, com a qual
essa quadra tem fortes semelhanças.

2084: Nostradamus resume a influência que o Terceiro Anticristo exerceu no mundo.

2085: O Terceiro Anticristo foi capturado? Seja como for, o líder
francês que o mantém cativo é fraco e pusilânime. Ele é
devolvido a seus aliados.

2091: Faz vinte anos que a Guerra Global de 2070/2071 terminou. Povos e nações começam a se unir na ânsia de reco-
meçar. Mas ainda se teme novo conflito.

2095: Catástrofe ecológica. Vastas extensões da terra já não são
mais habitáveis. Ainda não há nenhuma liderança efetiva
no mundo.

2097: A influência do Anticristo se desvaneceu. "Novas leis go-
vernam novas terras." Nostradamus compara a decadência do império do Terceiro Anticristo à do sacro imperador
romano Carlos V: sentado no Wunderberg, com todos os
seus cavaleiros e vassalos em redor, sua barba grisalha deveria crescer o bastante para dar três vezes a volta à mesa.
Depois disso, o Anticristo reapareceria.

7073: Nostradamus identifica o fim do mundo a uma anedota do "Grande Comediante". Imagina Satã, ou o último Anticristo, cabriolando ao lado do túmulo coletivo da humanidade.

7074: A Profecia Final. O Armagedom se aproxima. Nós somos o tema da anedota. O "Grande Comediante" venceu. Tudo o que a humanidade pensou que subsistiria vai se transformar em pó.

AS QUADRAS DO
TERCEIRO ANTICRISTO

Tema
O TERCEIRO ANTICRISTO É ANUNCIADO

Data
2010

Data do Índice de Nostradamus
10

Número da Centúria
10

Tasche de murdre enormes adulteres,
Grand ennemy de tout le genre humain
Que sera pire qu'ayeulx, oncles, ne peres
En fer, feu, eau, sanguin et inhumain.

Manchado de assassinatos em massa e adultérios
Esse grande inimigo da humanidade
Será pior que qualquer homem antes dele
Em aço, fogo e água, sanguinário e monstruoso.

Predição

Esse é o portento inicial que anuncia a vinda do Terceiro Anticristo, ecoando as advertências de são João Evangelista em I João, 2:17-18 e o conceito joanino de avidez por coisas materiais, conforme postulado nas palavras "E o mundo passa, e sua concupiscência". Nostradamus sem dúvida não exagera ao descrever as futuras depredações do Anticristo como "piores que as de qualquer homem antes dele"; a declaração é das mais enfáticas caso consideremos Napoleão e Hitler, ou Stalin e Hitler (dependendo da leitura adotada), como os dois primeiros Anticristos. O leitor deve examinar 7/32 e 2/32 – 2032, 3/34 – 2034, 3/35 – 2035, 9/36 – 2036, 10/75 –2075 e 8/77 – 2077 para uma amostra do que as próximas gerações terão de enfrentar.

Resumo

O Terceiro Anticristo será ainda mais destrutivo que seus dois predecessores. As consequências de seus atos conspurcarão e distorcerão a história do século XXI.

TEMA

NASCIMENTO DO TERCEIRO ANTICRISTO – PRESSÁGIO I

DATA

2032

DATA DO ÍNDICE DE NOSTRADAMUS

32

NÚMERO DA CENTÚRIA

7

Du mont Royal naistra d'une casane,
Qui cave et compte viendra tyranniser,
Dresser copie de la marche Millane,
Favene Florence d'or et gens expuiser.

✳

Embora nascido pobre, conquistará o poder supremo

Tiranizará e arruinará seu povo

Arregimentando um exército de mil anos

Parecerá venturoso, mas isso lhe custará vidas e dinheiro.

– 280 –

PREDIÇÃO

Esse é um presságio da grande quadra 3/35 – 2035 ("Nascimento do Terceiro Anticristo). Nostradamus gosta de fazer esse jogo, aludindo a quadras anteriores cujo significado não entendia na época. Há aqui inúmeros trocadilhos, que permitem duas leituras diferentes. No entanto, sabendo disso e não tomando "*Millane*", "*Favene*" e "*Florence*" pelas acepções literais de Milão, Faenza e Florença, obtemos *mille ans* para *Millane* ("mil anos"), *sa veine* para *Faveine* ("sua ventura") e "*florins d'or*" para *Florence d'or* ("florins de ouro").

Nomes de lugares raramente têm forma fixa em Nostradamus e são usados com a finalidade de chamar a atenção para eles mesmos e para os segredos que ocultam, como é o caso de *Hister*, por exemplo, nas famosas quadras hitlerianas onde se pressagia a Segunda Guerra Mundial (Hitler foi o segundo Anticristo). *Hister*, além de "Danúbio", rio perto do qual o Führer nasceu, pode significar também "histeria", um mal de que ele indubitavelmente padeceu. A fonte da palavra é o grego antigo *hystérā*, "útero", o que reforça o conceito de nascimento.

RESUMO

O Terceiro Anticristo logo nascerá e isso será um desastre para o mundo.

Tema

NASCIMENTO DO TERCEIRO ANTICRISTO – PRESSÁGIO II

Data

2032

Data do Índice de Nostradamus

32

Número da Centúria

2

Laict, sang, grenouilles escoudre en Dalmatie,
Conflit donné, peste pres de Balenne:
Cry sera grand par toute Esclavonie
Lors naistra monstre pres et dedans Ravenne.

Leite e sangue de rãs escorrem na Dalmácia
A batalha se trava, há peste nas imediações de Balennes
Lamentos ecoarão pela Eslovênia escravizada
Quando o monstro nascer perto de Ravena.

PREDIÇÃO

O segundo dos três presságios à quadra 3/35 – 2035 ("Nascimento do Terceiro Anticristo") contém uma elegante referência a uma fábula de Esopo. Uma rã e um rato combinam duelar para decidir a quem pertence o pântano onde ambos vivem. Em meio à batalha, com os dois contendores só preocupados um com o outro, um milhafre esperto baixa dos céus e arrebata dos dois.

A antiga "Dalmácia" está hoje quase toda dentro das fronteiras da Croácia, região tradicionalmente disputada por sérvios e croatas. Será preciso grande esforço de imaginação para identificar os sérvios com as rãs e os croatas com os ratos, desempenhando a minoria muçulmana ou talvez até mesmo os russos o papel do astucioso milhafre? Seja como for, a batalha se trava perto de *Balenne* (provavelmente Baleni Romini, na Romênia, cerca de 60 quilômetros ao norte de Bucareste).

O monstro, ou Terceiro Anticristo, nascerá em Ravena ou perto dela. Talvez seja oportuno, aqui, salientar que além da Ravena italiana mais óbvia existem outras duas na ex-Iugoslávia: Ravna Reka, na Sérvia, e Ravne na Koroskem, na Eslovênia – o que condiz perfeitamente com o verso três.

RESUMO

São dadas as três opções de lugares onde o Terceiro Anticristo poderá nascer. Má notícia para eles.

Tema

NASCIMENTO DO TERCEIRO ANTICRISTO – PRESSÁGIO III

Data

2034

Data do índice de Nostradamus

34

Número da centúria

3

Quand le defaut du soleil lors sera,
Sur le plain iour le monstre sera véu:
Tout autrement on l'interpretera,
Cherté n'a garde: nul n'y aura pourveu.

✳

Durante o eclipse total do sol
O monstro será visto à plena luz do dia
Será mal interpretado
Ninguém adivinhará o alto custo.

PREDIÇÃO

Em 2034, haverá um eclipse total do sol em 20 de março, pouco depois de seu trânsito de Peixes para Áries, o signo das guerras, fomes, calor, inundações e mutações mágicas. O eclipse será visto na África central, no Oriente Médio (inclusive Egito e Irã) e Sul da Ásia (inclusive Índia e China). Ele anunciará o advento do Terceiro Anticristo (3/35 – 2035), concebido no período imediatamente posterior ao eclipse e nascido no dia de Ano Novo. Sabemos que esse é um presságio significativo por causa do paradoxo implícito na quadra, a saber, "durante o eclipse total do sol (isto é, quando tudo estiver mergulhado nas trevas), "o monstro será visto à plena *luz do dia*". Sabemos também, por 2/32 – 2032, que o monstro (do latim *monstrum*, que significa não apenas "prodígio" ou "monstro", mas também "agouro" ou "flagelo") nascerá na Itália, Sérvia ou Eslovênia, regiões fora da linha do eclipse. Sua vinda será saudada por muitas pessoas com interesses escusos, mas só trará calamidades.

RESUMO

O Terceiro Anticristo será concebido nas trevas, durante o eclipse total. E após nascer também nas trevas, trevas é o que espalhará pelo mundo.

Tema

NASCIMENTO DO TERCEIRO ANTICRISTO

Data

2035

Data do índice de Nostradamus

35

Número da centúria

3

Du plus profond de l'Occident d'Europe,
De pauvres gens un ieune enfant naistra,
Qui par sa langue seduira grande troupe:
Son bruit au regne d'Orient plus croistra.

Nas profundezas ocidentais da Europa
Uma criança nascerá de pais pobres
Seduzirá a multidão com sua língua
O rumor de sua reputação crescerá no reino oriental.

PREDIÇÃO

Esse novo líder do mundo oriental terá cerca de 35 anos por ocasião da guerra global mencionada na quadra 5/70 – 2070. Embora fruto humilde da diáspora islâmica ocidental, conseguirá reunir o equivalente ao antigo Império Otomano graças ao poder sedutor de sua linguagem, ameaçando assim a posição dominante dos Estados Unidos e da China. Isso resultará numa guerra nuclear catastrófica, "forte o bastante para abalar as montanhas" (ver novamente 5/70). O aspecto inquietante da quadra está na palavra *"seduira"*, "seduzir" ou "enganar pelo encanto", no verso três, com a implicação de que esse líder será um manipulador e um trapaceiro, e também no termo *"bruit"*, no verso quatro, sugerindo que firmará sua reputação, não por mérito, mas por força de um boato. Temos aqui, realmente, uma quadra assustadora sob todos os aspectos, que lembra o presságio de Adolf Hitler, o possível segundo Anticristo, na hoje famosa quadra 2/24:

Bestes farouches de faim fluves tranner:
Plus part du camp encontre Hister sera,
En caige de fer le grand sera treisner,
Quand Rin enfant Germain observera.

Com fome de bestas selvagens cruzarão os rios
A maior parte do país será contra Hister
O grande homem será exibido numa gaiola de ferro
O filho alemão [do Reno] não verá nada.

Isso é o mais perto que Nostradamus jamais chegou de uma advertência categórica ao mundo sobre um possível holocausto futuro. Vem-nos à mente, aqui, a linguagem sutil que emprega em 3/35 – 2035, sugerindo profundezas ocultas e manipulações secretas.

Resumo

O Terceiro Anticristo nasceu. Os dados foram lançados. O futuro do mundo, a menos que ocorra um milagre, será sombrio, com guerra global e degradação ecológica em escala sem precedentes.

Tema

Nascimento do Terceiro Anticristo — Consequências

Data

2036

Data do Índice de Nostradamus

36

Número da Centúria

9

Un grand Roy prins entre les mains d'un ieune,
Non loin de Pasques confusion, coup cultre
Perpet. Cattif temps que foudre en la hune,
Lorsque trois frères se blesseront, et murtre.

✳

Um grande Rei cai nas mãos de um jovem
Há confusão na época da Páscoa e um golpe de punhal
Cativos de longa data e o fogo de santelmo
Quando três irmãos se ferem e se matam.

Predição

Essa não é a primeira vez que Nostradamus emprega a imagem do fogo de santelmo (ver 2/90 – 2090: "A Hungria em crise"). Também usou antes o conceito de "três irmãos", particularmente em 8/46 – 2005: "Morte do papa João Paulo II" (ambas as profecias podem ser encontradas em meu *The Complete Prophecies of Nostradamus*). Naquela quadra, os "três irmãos" simbolizavam os Reis Magos; e, considerando-se nesta o motivo da Páscoa, há boas razões para supor que ele repete a imagem. Nossa tendência é conectar a quadra que ora analisamos à do ano precedente, 3/35 – 2035: "Nascimento do Terceiro Anticristo", caso em que Nostradamus nos estaria dando uma segunda advertência.

A criança "nascida pobre" *não* é, em definitivo, o Segundo Advento, pois então os Reis Magos (figurativamente) ficariam deslocados. A menção à "Páscoa" constitui uma referência óbvia à morte de Cristo, o que é reforçado pela alusão a "golpe de punhal", lembrando-nos a lança enfiada no flanco de Jesus. Face a tudo isso, pareceria que o "grande Rei", no verso um, alude diretamente a Cristo, sendo portanto ele – ou, mais exatamente, sua legião de seguidores – que se arrisca a cair em mãos do "jovem", provocando a confusão.

Resumo

O Terceiro Anticristo será declarado o Segundo Advento, o que é uma mentira. Ele prejudicará o mundo e a Igreja Cristã.

TEMA

QUEIMA DE LIVROS

DATA

2053

DATA DO ÍNDICE DE NOSTRADAMUS

53

NÚMERO DA CENTÚRIA

9

Le Neron ieune dans les trois cheminees
Fera de paiges vifzs pour ardoir getter,
Heureux qui loing sera de telz menees,
Trois de son sang le feront mort guetter.

✳

O jovem Nero, em três chaminés
Queimará a palavra viva em seu ardor
Feliz quem estiver longe dessas práticas
Três de seu próprio sangue o verão morrer.

PREDIÇÃO

Essa é uma das três quadras (ver 4/52 – 2052: "Emancipação das mulheres muçulmanas" e 2/54 – 2054: "Estação chuvosa", em meu livro *The Complete Prophecies of Nostradamus*) que tratam das práticas restritivas adotadas num Estado muçulmano fundamentalista. O número "três" também aparece duas vezes na quadra, sendo portanto bastante significativo: Pitágoras chegou mesmo a considerá-lo o número perfeito, que simboliza o princípio, o meio e o fim.

Aqui, estamos às voltas com a queima de livros considerados blasfemos pelos *mullahs*. "Nero" foi um líder intimamente associado ao fogo, que pode ou não ter ordenado, como imperador, o incêndio de Roma. No mínimo, porém, ao menos ao que se conta, ele impediu o combate ao fogo porque desejava ver "como Troia teria parecido tomada pelas chamas". Contudo, "Nero" é também um termo genérico para qualquer homem sanguinário, tirano implacável ou malfeitor de extrema selvageria. Poderia o jovem Nero ser então o rapaz de 21 anos de que fala Nostradamus em 7/32 – 2032: "Nascimento do Terceiro Anticristo – Presságio I"? A ser assim, o número três descreveria exatamente sua vida e seus atos, pois, conforme sabemos pela Bíblia, "os inimigos do homem são três: mundo, carne e diabo".

A quadra se compõe igualmente de três etapas: o Nero "jovem" e suas três chaminés; o Nero "maduro", que queima livros; e o Nero "morto", assassinado por "três de seu próprio sangue". Há também, obviamente, três Anticristos: Napoleão Bonaparte, Adolf Hitler e o cavalheiro muitíssimo persuasivo cujo nascimento é anunciado em 3/35 – 2035: "Nascimento do Terceiro Anticristo".

– 292 –

RESUMO

Essa é uma crítica à censura e um brado em favor da liberdade. O Terceiro Anticristo constrói a base de seu império jogando com a sede de poder de seus seguidores, tal qual Adolf Hitler manipulou os dele concedendo-lhes favores e cargos, administrativos ou políticos.

Tema

PANDEMIA

Data

2062

Data do índice de Nostradamus

62

Número da centúria

2

Mabus puis tost alors mourra, viendra
De gens et bestes une horrible defaite:
Puis tout à coup la vengeance on verra,
Cent, main, soif, faim, quand courra la comete.

Mabus, morto embora, retorna
Homem e animal sofrem terrivelmente
Então, de súbito, sobrevém a vingança
Muito sangue, sede, fome quando o cometa passa.

Predição

"Mabus" é um dos criptogramas de que mais gostam os comentadores de Nostradamus. Deram-lhe virtualmente todas as interpretações possíveis: em ordem ascendente de insânia, desde Saddam Hussein (com base na escrita às avessas de Leonardo da Vinci) a "autoabuso", o Mago, Megabizo, Enobarbo, Thurbo Majus, Abu Nidal, Abu Abbas até o coitado do velho Raymond Mabus, ex-governador do Mississippi e embaixador americano na Arábia Saudita (1994-1996), apontado como o Terceiro Anticristo ou, pior ainda, uma de suas vítimas, graças aos esforços conjuntos de um bando de malucos nostradamianos e suas teorias da conspiração. É verdade que ninguém proclama ter encontrado a resposta definitiva e muitas dessas sugestões são feitas com reservas.

Talvez Nostradamus tenha cunhado o nome Mabus pensando pura e simplesmente em seu contemporâneo Jan Gossaert (1470-1532), o pintor flamengo conhecido como Mabuse por causa de sua cidade natal, Maubeuge, na França. Pode também haver uma conexão com a lenda da rainha Mab, a fada parteira de sonhos ("rainha" não tem nada a ver com realeza e sim com o fato de ela ser uma mulher: título que lembra o termo escocês ainda corrente *queynie* e o saxão já arcaico *quïn*. Mabus significaria então, simplesmente, "tempo de sonhos"? Se assim é, o tom da quadra é assustador e fatídico, parte pesadelo e parte alucinação. Não importa o significado que possamos lhe atribuir, 2062 parece que não será um tempo lá muito bom para se viver.

Resumo

Uma pandemia que se julgava extinta reaparece, matando mais gente que antes.

TEMA

A PAZ REINA NA TERRA

DATA

2063

DATA DO ÍNDICE DE NOSTRADAMUS

63

NÚMERO DA CENTÚRIA

1

Les fleaux passés diminue le monde
Long temps la paix terres inhabitées
Seur marchera par ciel, t/serre, mer et onde:
Puis de nouveau les guerres suscitées.

✳

Ante a peste, a terra se encolhe
A paz reinará por algum tempo
As pessoas viajarão pelo céu como pássaros,
pelo mar e pela onda
Antes que a guerra recomece.

PREDIÇÃO

Após a terrível peste descrita em 2/62 – 2062 ("Pandemia"), que dizimou a população mundial, as coisas se normalizarão por algum tempo. Haverá paz. As viagens recomeçarão. A palavra *serre*, no verso três, é aqui de especial interesse porque, em francês antigo, significa "garra de pássaro" e dá a ideia de pessoas viajando pelos ares nas garras de um falcão – sendo oportuno lembrar que, na época de Nostradamus, não existia ainda o conceito de "viagem aérea". Aqui, ele simplesmente o aceita como coisa corriqueira, baseado nos vislumbres que teve do futuro.

A guerra no verso quatro é, obviamente, a guerra global que eclodirá em 2070 (ver 5/70), a respeito da qual ele nos adverte de novo em 10/69 – 2069. Vale notar que tanto nesta quanto na quadra 10/69, Nostradamus emprega a palavra *seur*, isto é, *sueur*, "com seu próprio *suor*". A justaposição dessa palavra com *serre*, a garra do pássaro, é claramente intencional e implica a vontade humana, não a divina, em nosso domínio dos elementos.

RESUMO

A população da Terra diminuiu drasticamente devido à pandemia de 2062. Segue-se um período de calma e harmonia, talvez em consequência do choque coletivo.

Tema

INGLATERRA E ESCÓCIA SE DESENTENDEM POR CAUSA DA UNIÃO EUROPEIA

Data
2066

Data do Índice de Nostradamus
66

Número da Centúria
10

Le chef de Londres par regne l'Americh,
L'isle d'Escosse tempiera par gellee:
Roy Reb auront un si faux antechrist
Que les mettra trestous dans la meslee.

O primeiro-ministro de Londres, às ordens da América
Congelará o enclave escocês
Os Rob Roys, seguindo tão falso Anticristo
Serão envolvidos na confusão.

PREDIÇÃO

Essa quadra é significativa pelo fato de mencionar especificamente a palavra "Anticristo" no verso três, o que sugere um pluralismo e não apenas uma singularidade dos Anticristos, reforçando o conceito de trindade de Nostradamus (logo, 6 + 6 + 6). O conflito a que se refere decorre, aparentemente, do afastamento da Inglaterra da União Europeia (ver quadra 8/60 – 2060 em meu *The Complete Prophecies of Nostradamus*) e da separação da Escócia, que decide permanecer no seio da comunidade. A Inglaterra se reaproximará de seu antigo aliado, os Estados Unidos, enquanto a Escócia se alinhará com sua "velha amiga", a França.

Rob Roy era, como se sabe, o apelido de Robert McGregor, um fora da lei elegante e ótimo espadachim que adotou o nome da mãe, Campbell, quando seu clã foi posto fora da lei pelo parlamento escocês em 1662. Não demorou para que se tornasse o equivalente escocês do inglês Robin Hood e escapou por um fio ao degredo em Barbados. Agora, os "Rob Roys" escoceses descobrirão que seu aliado é traiçoeiro e cheios de segundas intenções. Será mero acaso que a data do índice dessa quadra, 10/66 – 2066, coincida com o milésimo aniversário da conquista normanda?

RESUMO

A Escócia e a Inglaterra discordam violentamente quanto à permanência da primeira na União Europeia. A Inglaterra se alia aos Estados Unidos em questões de comércio, enquanto a Escócia busca a amizade da França.

Tema

ADVERTÊNCIAS DE GUERRA GLOBAL

Data
2069

Data do índice de Nostradamus
69

Número da centúria
10

Le fait luysant de neuf vieux esleué
Seront si grand par midi aquilon,
De sa seur propre grande alles levé.
Fuyant murdry au buysson d'ambellon.

✳

As brilhantes façanhas do líder recém-eleito
Serão sopradas para o sul pelo grande vento norte
Grandes recintos serão erguidos com seu próprio suor
Fugindo, é morto nos bosques de Ambellon.

Predição

Será esse um primeiro vislumbre da guerra global mencionada em 5/70, 9/70, 2/70, 8/70 e 3/71? A data do índice está correta e outros indícios nos levam a essa suposição, sobretudo o símbolo do vento "norte" soprando para o "sul". Muitos comentadores deram a "*seur*", no verso três, o significado de *sœur*, "irmã", mas a acepção mais provável é *sueur*, "suor", se a palavra for tomada como um ideograma.

"Os bosques de Ambellon" são ainda um mistério. Mas há uma pista. Belona, esposa de Marte, era a deusa romana da guerra e sempre se erguiam templos ("grandes recintos") a ela quando conflitos armados eram iminentes. Na literatura clássica, Belona logo passou a ser identificada à deusa lunar da Ásia, logo depois das guerras mitridáticas. Mitridates, derrotado e não querendo cair nas mãos do inimigo, descobriu que se imunizara a tal ponto com antídotos contra venenos que já não conseguia se envenenar e teve de pedir a um escravo que o apunhalasse.

Resumo

Há rumores de guerra, a despeito das tentativas de conciliação de um líder recém-eleito.

TEMA

UM ASTEROIDE SE CHOCA COM A TERRA

DATA

2069

DATA DO ÍNDICE DE NOSTRADAMUS

69

NÚMERO DA CENTÚRIA

1

La grand montaigne ronde de sept estades,
Apres paix, guerre, faim, innondation,
Roulera loin abysmant grands contrades,
Mesmes antiques, et grand fondation.

✳

A grande montanha de cerca de sete estádios
Após a paz, a guerra, a fome, a inundação
Rolará para longe destruindo vastas áreas do país
Mesmo construções antigas e alicerces poderosos.

PREDIÇÃO

Uma quadra estranha, que aparentemente se divide em duas porque o verso dois prediz, após o Anticristo ser engendrado, a futura guerra global, enquanto os versos um, três e quatro descrevem um evento iminente. Esses fatos premonitórios são comuns na Bíblia e na história; aqui, Nostradamus sem dúvida se vale de uma metáfora similar, na mesma linha, digamos, do aparecimento do cometa de Halley em 24 de abril de 1066, que anunciou a batalha de Hastings em 14 de outubro do mesmo ano e aparece claramente na famosa tapeçaria de Bayeux (*isti mirant stella* – "estes [homens] contemplam a estrela"), onde Haroldo da Inglaterra é visto recebendo, alarmado, notícias do cometa.

O "estádio" era uma unidade de medida equivalente a mais ou menos 180 m. Portanto, uma "montanha de cerca de sete *estádios*" teria 1.260 metros de circunferência. Presume-se que Nostradamus esteja falando aqui do impacto de um asteroide, pois, conforme sabemos, um corpo desses com circunferência de 1 quilômetro e velocidade de aproximadamente 30 quilômetros por segundo teria efeitos desastrosos na vida terrestre. *Tsunamis* provocados pelo choque subiriam entre 300 e 800 metros acima do nível do mar. Chuvas de fogo e poeira assolariam o globo e encobririam o sol por um ou até dois anos, rompendo assim as cadeias alimentares e os ciclos de criação de gado. Impactos desse tipo são esperados a cada 100 mil anos, e Nostradamus parece indicar 2069 como a data do próximo.

RESUMO

Nostradamus prediz o impacto de um asteroide para 2069 e descreve as prováveis consequências. Fica claro, pela quadra, que ele vê isso como um evento premonitório da guerra global de 2070.

Tema

GUERRA GLOBAL – I

Data

2070

Data do índice de Nostradamus

70

Número da centúria

5

Des region subiectes à la Balance,
Feront troubler les monts par grand guerre:
Captif tout sexe deu et tout bisance,
Qu'on criera à l'aube terre à terre.

✳

Das regiões governadas pela Libra
Uma grande guerra eclodirá, forte o bastante
para abalar as montanhas
Ambos os sexos serão capturados e toda a Bizâncio
E gritos serão ouvidos ao amanhecer, de país a país.

Predição

Se os dois países na balança "libriana" de poder são os Estados Unidos e a China, como Nostradamus deixou bastante claro em duas quadras anteriores (1/54 – 2054: "Impasse entre Estados Unidos e China" e 1/56 – 2056: "O Islã rompe a balança do poder mundial" [ver meu *The Complete Prophecies of Nostradamus*]), então "Bizâncio", termo com o qual Nostradamus parece aludir aos países islâmicos outrora pertencentes ao Império Otomano, será a fagulha que atiçará a guerra global. Esta será nuclear ("forte o bastante para abalar as montanhas") e nela tanto homens quanto mulheres combaterão, sobretudo do lado islâmico. Ao término do conflito serão ouvidos lamentos ou, mais provavelmente, o chamado do muezim ("anunciador") em todos os países da região subjugada.

Resumo

A guerra começa, provocada pelo mundo islâmico. Os Estados Unidos e a China finalmente se enfrentam na arena global.

Tema

GUERRA GLOBAL – II

Data

2070

Data do índice de Nostradamus

70

Número da centúria

9

Harnois tranchant dans les flambeaux cachez
Dedans Lyon le iour du Sacrement
Ceux de Vienne seront trestous hachez
Par les Cantons Latins, Mascon ne ment.

✳

Armadura cortante está oculta em tochas
Dentro de Lião no dia da montanha sagrada
Os de Viena serão esfacelados
Pelos cantões latinos; Macon não mente.

PREDIÇÃO

Continuação da descrição da guerra global que Nostradamus começou em 5/70 – 2070 e terminará em 3/71 – 2071. "Macon" é Maomé; o nome deriva da poetização da palavra "Meca", local de nascimento do Profeta, nos romances clássicos e medievais que Nostradamus certamente leu. "Reverenciado seja Macon, a quem servimos" (Tasso, XII, 10, trad. Fairfax).

A "montanha", no verso dois, é o monte Safa que, sem dúvida, *não* veio até Maomé. "Se a montanha não vem a Maomé, Maomé vai à montanha." Instado por seus seguidores a produzir um milagre similar aos que Moisés e Jesus realizaram em testemunho de sua autoridade divina, Maomé, irritado com tamanha descrença, urdiu uma estratégia para lhes devolver o bom senso. Chamou o monte Safa para vir até ele e, como o monte se recusasse, agradeceu a Alá porque "teria caído em cima de nós, provocando nossa destruição". Aqui, a implicação parece ser a de que as potências ocidentais chamaram a montanha e ela caiu sobre eles sob a forma de artefatos nucleares – "armadura cortante está oculta em tochas". Se lermos novamente a quadra 5/70, veremos também que a grande guerra será "forte o bastante para abalar as montanhas".

O trocadilho com *Viena* e "*de Vienne*", no verso três, é igualmente claro. O Congresso de Viena (1814-1815) dividiu a Europa entre as grandes potências após a queda de Napoleão e a ligação de *de* com *vienne* nos dá o francês *devienne* ("torna-se"): haverá, pois, mudanças na ordem estabelecida como resultado direto do conflito. Talvez seja conveniente lembrar que as quatro grandes potências reunidas no

Congresso de Viena foram a Áustria (Império dos Habsburgos), a Grã--Bretanha, a Prússia (Confederação Germânica) e a Rússia.

Resumo

Armas termonucleares são usadas nos campos de batalha. Montanhas inteiras são destruídas. Todas as tentativas de obter a paz fracassam.

TEMA

GUERRA GLOBAL – III

DATA

2070

DATA DO ÍNDICE DE NOSTRADAMUS

70

NÚMERO DA CENTÚRIA

2

Le dard du ciel fera son extendue,
Mors en parlant: grande execution.
La pierre en l'arbre, la fiere gent rendue,
Brut, humain monstre, purge expiation.

✳

A lança dos céus completará sua extinção
Falará de morte: uma terrível execução
A nação orgulhosa voltará à pedra na árvore
Rumores de um monstro humano e brutal trazem
primeiro a catarse e depois o sacrifício.

– 309 –

Predição

Eis uma série verdadeiramente extraordinária de quadras (10/69, 5/70, 9/70, 8/70 e 3/71), todas próximas pelas datas do índice e todas implicando nações arruinadas pela guerra termonuclear global. Por que nunca foram associadas antes? As datas do índice são categóricas e os símbolos usados não dão margem a equívocos. "A lança (ou dardo) dos céus completará sua extinção": bela descrição de um míssil intercontinental, pois *estendre* em francês antigo significa "estender" ou "espalhar", enquanto a acepção de *esteindre* é "extinguir" (o *s* foi mais tarde substituído por um acento agudo, *éteindre*). "Pedra na árvore" significa, ao pé da letra, voltar à Idade da Pedra, quando machados eram feitos com galhos fendidos, onde se inseriam lascas de pedra polida. O "monstro humano" nos leva de volta outra vez a 3/35 – 2035 e ao nascimento do Terceiro Anticristo (os dois primeiros foram Napoleão/Stalin e Hitler). O líder "sedutor" terá, em 2070, 35 anos de idade e estará no auge da maturidade.

Resumo

A guerra está quase no fim. Houve no mundo destruição sem igual. Países inteiros deixaram de existir. O Terceiro Anticristo põe-se em movimento.

TEMA

GUERRA GLOBAL – IV

DATA

2070

DATA DO ÍNDICE DE NOSTRADAMUS

70

NÚMERO DA CENTÚRIA

8

Il entrera vilain, meschant, infame
Tyrannisant la Mesopotamie,
Tous amys fait d'adulterine d'ame.
Terre horrible noir de phisonomie.

✳

Ele entrará, feio, mau e infame

Tiranizará a Mesopotâmia

Amigos sustentarão que o adúltero tem alma

A terra é horrível e negra de aspecto

Predição

O "monstro humano" mencionado em 2/70 – 2070 (Guerra global – III) é que trará primeiro a catarse e depois o sacrifício? Nunca houve descrição melhor de uma prática servil que a do verso três, "amigos sustentarão que o adúltero tem alma". "Mesopotâmia" é obviamente o moderno Iraque, com parte da Turquia e da Síria incluída. Todavia, muito pouco restou desse antigo berço da civilização e, longe de justificar seu nome em grego ("terra entre rios"), hoje mais parece uma região situada "entre a cruz e a espada".

Resumo

O Terceiro Anticristo tenta tirar vantagem da guerra global. As pessoas querem por força acreditar nele, que monta sua base de poder sobre as ruínas do Oriente Médio.

Tema

GUERRA GLOBAL – V

Data

2071

Data do índice de Nostradamus

71

Número da centúria

3

Ceux dans les isles de long temps assiegés
Prendront vigueur force contre ennemis:
Ceux par dehors mors de faim profligés,
En plus grand faim que iamais seront mis.

Os ilhéus enfrentarão um longo cerco
E se defenderão vigorosamente
Os de fora serão assaltados pela fome
Uma fome pior do que quantas a precederam.

Predição

Retomada direta de 5/70, 9/70, 2/70 e 8/70 – 2070 (Guerra global), em que Estados Unidos e China se emparelham na corrida termonuclear. Nostradamus muitas vezes se refere aos britânicos como "os ilhéus"; e, dado o conteúdo de 8/60 – 2060: "A Inglaterra sai da União Europeia" e 8/64 – 2064: "Consequências da saída da Inglaterra da União Europeia" (ver meu *The Complete Prophecies of Nostradamus*), mais as implicações de uma fome na Grã-Bretanha só combatida pelo retorno em massa ao campo, poderíamos deduzir disso que o Reino Unido permanecerá fora do conflito global, revertendo ao papel de Fortaleza Britânica que desempenhou durante a Segunda Guerra Mundial.

Enquanto a guerra assola o continente, a Grã-Bretanha se torna autossuficiente, confiando na "espada". Fora de suas fronteiras, as pessoas enfrentam uma fome terrível, mas o Reino Unido, para se salvar e a seu povo, não permite a entrada delas.

Resumo

A Grã-Bretanha permanece por algum tempo longe do conflito. Agora, colhe os benefícios dessa atitude. Enquanto boa parte do mundo está faminta, a Grã-Bretanha se tornou autossuficiente e consegue alimentar seu povo.

TEMA

DEPOIS DA GUERRA GLOBAL/
FIM DO PERÍODO DA FÊNIX

DATA

2075

DATA DO ÍNDICE DE NOSTRADAMUS

75

NÚMERO DA CENTÚRIA

2

La voix ouye de l'insolit oiseau,
Sur le canon du respiral estaige
Si haut viendra du froment le boisseau,
Que l'homme d'homme fera Antropophage.

✳

O grito de um pássaro extraordinário será ouvido
Ribombando pelos dardos do ar
O preço de um alqueire de trigo subirá tanto
Que o homem fará do homem um canibal.

Predição

Em seguida à catastrófica guerra global de 2070 (5/70, 9/70, 2/70, 8/70 e 3/71), uma terrível fome assolará a terra, provocando a Mudança da Ordem Mundial descrita em 3/79 – 2079. Aves como corvos, corujas, cegonhas, abutres e andorinhas eram considerados arautos do bem ou do mal (dependendo da espécie, cor e conotação) pelos áugures da antiga Grécia, mas o emprego que Nostradamus faz da expressão "*insolite oiseau*" parece sugerir um pássaro mais raro – a fênix, por exemplo. No entender de Paracelso, a fênix simbolizava a alquimia por causa da capacidade dessa ave de alterar sua forma essencial pelo uso do fogo (pela mesma razão, durante séculos, o emblema da fênix podia ser visto nas tabuletas das farmácias e lojas de químicos).

Os períodos da fênix (quando ela é realmente visível aos seres humanos) vão de 250 anos, segundo Tácito, a um máximo de 1.500 entre as aparições, segundo o egiptólogo alemão Lepsius. Essas aparições, ao que se supunha, vinham anunciar o início e o fim de grandes eras humanas. Se considerarmos a duração de trezentos anos para um período da fênix, como hoje em geral se reconhece, voltamos a 1775, ao começo da Guerra de Independência Americana, evento que anunciou tanto o começo de uma revolução mundial quanto a fundação da modernidade. Esse período, segundo Nostradamus, está chegando ao fim. Logo entraremos numa era, não esclarecida, mas bárbara – numa era de incerteza e mudança global.

Resumo

A guerra assinalou o fim de uma grande era humana. Agora, tudo mudará. Estamos entrando num período de barbárie e imoralidade em escala sem precedentes.

Tema
O TERCEIRO ANTICRISTO – I

Data
2075

Data do índice de Nostradamus
75

Número da centúria
10

Tant attendu ne reviendra jamais
Dedans l'Europe, en Asie apparoistra
Un de la ligue yssu du grand Hermes,
Et sur tous roys des orientz croistra.

O tão esperado nunca voltará
À Europa, mas reaparecerá na Ásia
Um da confederação, descendente do grande Hermes
Superará todos os outros reis do Oriente.

PREDIÇÃO

Ao ler essa profecia, pensamos imediatamente na série de quadras que tratam do período 2032-2036 (Nascimento do Terceiro Anticristo). A pessoa em questão, cujo nascimento é descrito com vigor em 3/35 – 2035, terá 40 anos na época dessa quadra. Parece que sobreviveu à guerra global de 2070 e prova assim que é correta a predição de Nostradamus em 3/35, segundo a qual "o rumor de sua reputação crescerá no reino oriental" – motivo que reaparece no último verso da presente quadra, em "superará todos os outros reis do Oriente".

Como se isso não bastasse, somos lembrados de sua origem europeia (ver 2/32 – 2032), que ele repudia de vez a fim de se voltar em definitivo para o mundo oriental. A "confederação descendente do grande Hermes" é aqui de especial interesse, pois pode implicar um vínculo hermético com Tot (o Hermes Trismegisto egípcio, escriba dos deuses e principal conselheiro de Osíris), quando não uma referência à alquimia, já que Hermes era o Mercúrio grego e Milton, no *Paraíso Perdido*, III, 603, chama o mercúrio de "Hermes volátil". Em termos puramente clássicos, Hermes era o deus dos ladrões, tanto quanto o mensageiro e o arauto dos olímpicos, que se encarregava também de conduzir as almas para o Hades. Mas no todo parece mais provável que Nostradamus adotou a via platônica, pois o nome "Trismegisto" significa "três vezes grande" e estamos aqui às voltas com o homem que talvez seja o Terceiro Anticristo.

RESUMO

Essa é a época pela qual o Terceiro Anticristo tanto esperou. Do Oriente Médio, ele cruza para a Ásia a fim de ampliar sua base de poder.

Tema
O TERCEIRO ANTICRISTO – II

Data
2077

Data do índice de Nostradamus
77

Número da centúria
8

L'antechrist trois bien tost annichilez,
Vingt et sept ans sang durera sa guerre
Les heretiques mortz, captives, exilez,
Sang corps humain eau rogie gresler terre.

O Terceiro Anticristo logo será aniquilado
Sua guerra durará vinte e sete anos
Os hereges estarão mortos, cativos ou exilados
Sangue humano tinge a água que cobre a terra com granizo.

Predição

Poderia a guerra que Nostradamus descreve ter começado realmente em 2050, quando o Terceiro Anticristo estava com apenas 15 anos de idade? Sim, poderia, se a guerra for aceita como um confronto ideológico e não militar. Não se discute aqui que a guerra já terminou de fato, mas o presságio no verso um talvez ligue essa quadra à de número 3/79 – 2079: "Mudança da Ordem Mundial", onde o exemplo dos focenses é invocado para mostrar que nem tudo está perdido. O último verso é um dos maiores e, no entanto, um dos mais difíceis de traduzir em todos os escritos de Nostradamus: ele conjura em palavras sucintas, quase crípticas, um inferno criado pelo homem e a natureza como nunca vimos desde a última grande Era Glacial do Quaternário, há 1.600.000 anos. A fonte original da imagem "granizo tinto de sangue" é Revelação, 8:7, que descreve o primeiro dos sete anjos de Deus: "E o primeiro anjo soou sua trombeta, e houve granizo e fogo de mistura com sangue...".

Resumo

Ainda há quem se disponha a combater a tirania. Nostradamus narra a batalha e sugere que, no fim, o Terceiro Anticristo será derrotado.

Tema

A FORTALEZA DA GRÃ-BRETANHA DEPOIS DA GUERRA GLOBAL

Data

2077

Data do Índice de Nostradamus

77

Número da Centúria

2

Par arcs feuz poix et par feux repoussés:
Cris, hurlements sur la minuit ouys
Dedans sont mis par les remparts cassés
Par cunicules les traditeurs fuis.

Por arcos de fogo, piche e chama são repelidos
Gemidos, gritos e brados à meia-noite
São arremessados de dentro das defesas tombadas
Os traidores escapam por passagens secretas.

Predição

Somos tentados a ver aqui a continuação da predição 3/71 – 2071: "Guerra global – V", onde o Reino Unido se transforma novamente na Fortaleza da Grã-Bretanha. Percebemos nos versos uma alusão a cerco, o que faz sentido caso a Grã-Bretanha tenha se tornado autossuficiente em alimentos, cobiçados pelos estrangeiros. Parece que os britânicos repeliram os invasores a um custo terrível, e quintas-colunas e traidores escapam pelas próprias passagens subterrâneas graças às quais tentaram solapar a resistência de seus compatriotas.

Resumo

A Grã-Bretanha defende, contra os estrangeiros, suas fronteiras e seu direito ao isolamento. Quintas-colunas, dentro da ilha, nada conseguem com sua traição.

Tema
COMEÇA A DESOBEDIÊNCIA CIVIL

Data
2078

Data do Índice de Nostradamus
78

Número da Centúria
10

Subite ioye en subite tristesse
Sera à Romme aux graces embrassees
Deuil, cris, pleurs, larm, sang excellent liesse
Contraires bandes surprinses et troussees.

Júbilo repentino em meio à súbita tristeza
Explodirá em Roma dos favores zelosamente guardados
Lamentações, gritos, lágrimas, pranto, sangue, grande alegria
Opondo grupos surpreendidos e trancados.

PREDIÇÃO

Eis uma quadra repleta de paradoxos. "Júbilo repentino em meio à súbita tristeza", "Lamentações, gritos, lágrimas, pranto, sangue" e em seguida o emprego inesperado da palavra francesa arcaica *"liesse"*, que também significa "alegria". "Opondo grupos", grupos que tomamos pelas duas partes de uma discussão, são "surpreendidos e trancados". Isso é quase um julgamento de Salomão quando refletimos bem a respeito: o tipo de resposta que um Estado dará caso se veja num impasse, enfrentando dois lados contrários que em circunstância alguma cederão um milímetro sequer. Portanto, o que Nostradamus descreve é o início da tirania disfarçada de necessidade política, o que, à luz de 3/79 – 2079: "Mudança da Ordem Mundial", acontecerá sem nenhuma surpresa.

RESUMO

Os parâmetros mudam no mundo inteiro. Antigos Estados democráticos agora se arrogam poderes ditatoriais. Há insurreições em massa, logo esmagadas impiedosamente.

Tema

MUDANÇA DA ORDEM MUNDIAL

Data

2079

Data do Índice de Nostradamus

79

Número da Centúria

3

L'ordre fatal sempiternel par chaisne,
Viendra tourner par ordre consequent:
Du port Phocen sera rompue la chaisne:
La cité prinse, l'ennemi quand et quand.

A eterna, rígida e fatal ordem das coisas
Mudará de rumo graças a uma nova ordem
A velha ordem grega será rompida
Sua cidadela, tomada; o inimigo não será aceito.

Predição

Como Nostradamus prediz os anos anteriores e posteriores a essa quadra, seu sentido se torna ainda mais decisivo. Ele raramente generaliza a tal ponto, o que só pode significar que não sabe muito bem como tudo acabará. Parece então prever uma mudança fundamental na percepção da democracia ("a velha ordem grega"). Sua "cidadela" seria Atenas? Ou essa é uma leitura excessivamente literal?

A "nova ordem" (tirania?) não é muito bem recebida. O desespero dos focenses termina, é claro, em vitória e remonta aos tempos de Filipe, rei da Macedônia, quando os cidadãos da "Fócida" (ver verso três em francês) se ergueram sozinhos contra as forças combinadas de todos os seus inimigos. Em desespero, fizeram uma enorme pira para nela imolar suas mulheres, seus filhos e a si mesmos. Nada tendo a perder, lançaram-se a um último ataque contra os adversários e, surpreendentemente, venceram-nos.

Resumo

A antiga ordem mundial se modificou, aparentemente para sempre. A democracia é coisa do passado. Muitas pessoas, porém, lamentam seu fim. Nada tendo a perder, preparam-se para um último ato de desespero, na tentativa de restaurar o sufrágio universal. Surpreendentemente, contra todas as expectativas, são bem-sucedidas e dão início a uma nova era, mais positiva.

Tema

MUDANÇA CLIMÁTICA DEVIDA À GUERRA GLOBAL

Data

2080

Data do Índice de Nostradamus

80

Número da Centúria

8

Des innocens le sang de vesue et vierge.
Tant de maulx faitz par moyen se grand Roge
Saintz simulacres tremper en ardant cierge
De frayeur crainte ne verra nul ne boge.

O sangue de inocentes, viúvas e virgens
O grande Vermelho perpetra inúmeros males
Imagens sacras são envoltas na luz das velas votivas
Aterrado e amedrontado, o povo já não se move.

Predição

Em consequência da guerra global de 2070 (ver 5/70, 9/70, 2/70 e 8/70 – 2070), o mundo enfrentará uma tremenda mudança climática. Os franceses, na época em que Nostradamus escrevia, cultivavam a crença de que um "homem vermelho" (o vermelho era também a cor do diabo) controlava os elementos, afogando quem condenava à morte em algum ponto do mar junto às costas da Bretanha. A lenda rezava ainda que esse mesmo "homem vermelho" certa vez apareceu em sonhos a Napoleão, prevendo-lhe a queda. O "Vermelho", portanto, é um eufemismo de Nostradamus para os elementos, que se perturbam após a guerra nuclear tornando todas as formas de viagem impossíveis e induzindo, como sempre acontece em épocas de tribulação, a um retorno à religião organizada. A retomada da fé comum foi uma preocupação contínua de Nostradamus e ele volta a esse assunto inúmeras vezes em seus escritos.

Resumo

Inicia-se uma mudança climática em larga escala após a guerra termonuclear de dez anos antes. As pessoas, inseguras, se voltam para Deus. Após os horrores de um conflito cuja responsabilidade cabe inteiramente ao homem, a natureza agora está pronta para se vingar.

Tema

TSUNAMI - I

Data

2080

Data do índice de Nostradamus

80

Número da centúria

4

Pres du grand fluve, grand fosse terre egeste,
En quinze pars sera l'eau divisee:
La cité prinse, feu, sang, crys, conflict mettre,
Et la plus part concerne au collisee.

Perto do grande rio, um fosso se abrirá; a terra será tragada
A água escorrerá por quinze canais
A cidade cai; fogo, sangue e gritos se misturam
Muitos deles causados pela colisão

Predição

Tendo em vista 8/80 – 2080: "Mudança climática devida à guerra global" e 1/82 – 2082: "Terremotos na Europa", os anos 2080 não parecem uma boa época para se viver no Sul do continente europeu. A implicação de "*collisee*", no último verso, é tanto "colisão" quanto a localização geográfica do Coliseu, em Roma. Um "grande rio", o Tibre, atravessa Roma, situada a menos de 30 quilômetros do mar Tirreno. Nessas águas está o maior vulcão subaquático da Europa, o monte Marsili, que se ergue mais de 3 mil metros acima do fundo do mar. O monte Marsili, até recentemente, era considerado adormecido, mas agora (desde 1999) já ficou comprovado que ele é ativo. Quando entrar em erupção, como certamente entrará, uma parte considerável da costa sul da Itália será afetada. Com isso em mente, a quadra 4/80 ganha uma dimensão nova e bem mais sinistra.

Resumo

Um vulcão subaquático entra em erupção no mar Tirreno, provocando um *tsunami* que devasta a península romana.

TEMA

TSUNAMI – II

DATA

2081

DATA DO ÍNDICE DE NOSTRADAMUS

81

NÚMERO DA CENTÚRIA

5

L'oiseau royal sur la cité solaire,
Sept moys devant fera nocturne augure:
Mur d'Orient cherra tonnairre, esclaire,
Sept iours aux portes les ennemis à l'heure.

✳

O pássaro real voará por sobre a cidade do sol
Sete meses antes haverá um augúrio noturno
A muralha oriental ruirá em meio a trovões e relâmpagos
Por sete dias seguidos o inimigo estará às portas.

Predição

Esses versos são a sequência direta da quadra 4/80 – 2080: "*Tsunami*" e mostra com que habilidade Nostradamus liga os números de suas quadras e seu significado, a despeito de sua presença nominal em centúrias bem diferentes. Nesse caso, o vínculo não ocorre apenas por meio dos números do índice, 80 e 81 respectivamente, mas também em virtude de recursos mais sutis.

Nostradamus, no verso um, menciona a "cidade do sol". Tradicionalmente, esse era o epíteto de Rodes, que tinha o sol por divindade tutelar – seu enorme Colosso, uma das sete maravilhas do mundo antigo, representava Apolo, o deus do sol. Essa quadra, com ecos da 4/80, leva os desastres ambientais que assolam a Europa meridional entre os anos de 2080 e 2082 ainda mais para o sul.

O "pássaro real" é a íbis, sagrada no Egito, país situado a não mais de 600 quilômetros ao sul de Rodes – matar uma dessas aves acarretava a pena capital. A implicação, aqui, é que tanto Rodes quanto o Egito sofrem a mesma catástrofe ecológica, provocada pela ruína da "muralha oriental". O desastre prosseguirá por "sete" dias, assim como o augúrio ocorreu "sete" meses antes e assim como havia sete maravilhas no mundo antigo (inclusive o Colosso) e outras tantas na Idade Média, entre elas o Coliseu. Obviamente, "sete" é um número sagrado e as purificações levíticas, das quais esse *tsunami* pode ser visto uma, durava tradicionalmente "sete" dias.

Resumo

Outro *tsunami* devasta a área do mar Egeu em volta da ilha de Rodes, provocando danos na Turquia.

Tema

UM NOVO LÍDER APARECE

Data

2081

Data do índice de Nostradamus

81

Número da centúria

3

Le grand criard sans honte audacieux
Sera esleu gouverneur de l'armee:
La hardiesse de son contentieux,
Le pont rompu, cité de peur pasmee.

O grande ralhador, audacioso e impudente
Será eleito chefe do exército
A petulância de sua argumentação
Fará com que a ponte caia e a cidade desmaie de medo.

Predição

Essa quadra alude a três terríveis anos em que a ordem mundial se altera e a natureza, subjugada e obrigada a fazer as vontades do homem, finalmente consegue se vingar. Nasce então um líder de tipo bastante especial: um homem que discursa e censura seu povo até que ele o eleja comandante do exército. É natural que as pessoas busquem uma liderança forte em tempos de incerteza e esse homem lhes dá o que procuram. Aparecendo logo depois de 3/79 – 2079: "Mudança da Ordem Mundial", essa quadra quase pode ser encarada como uma perspectiva otimista, apesar das implicações inquietantes do último verso. Frente ao que a natureza prepara para o mundo, uma liderança forte se torna necessária.

Resumo

Um novo líder, impetuoso mas benevolente, surge em cena. O povo, à cata de milagres, se volta para ele. Mas trata-se apenas de um homem, que não pode mudar o rumo das coisas.

Tema
TERREMOTO NA EUROPA

Data
2082

Data do índice de Nostradamus
82

Número da centúria
1

Quand les colomnes de bois grande tremblée
D'Auster conduicte couverte de rubriche
Tant vuidera dehors grande assemblée,
Trembler Vienne et le pays d'Austriche.

Quando até as maiores árvores tremerem
E o vento sul parecer coberto de sangue
Muitos tentarão escapar
Viena e toda a Áustria tremerão à sua passagem.

Predição

O uso que Nostradamus faz do verbo "tremer" em duas ocasiões diferentes nessa quadra nos fornece uma pista. Um terremoto, violento a ponto de fazer até as maiores árvores tremer, assolará a Europa central com epicentro possivelmente perto ou dentro do território da República Tcheca. A porção ocidental do maciço Boêmio é bastante conhecida pela sucessão de terremotos, com mais de 8 mil episódios registrados no período entre 1985 e 1986, apenas cem anos antes da data prevista por Nostradamus para o abalo maior. A poeira levantada pelo terremoto filtrará e transformará os raios solares até que eles pareçam "cobertos de sangue"; além disso, haverá um êxodo em massa numa escala tal que mesmo "Viena", situada a poucos quilômetros da fronteira tcheca, "tremerá à sua passagem". Quando consideramos também a quadra 8/80 – 2080: "Mudança climática devida à guerra global", com data de 2080 no índice, o padrão começa a se esboçar com mais clareza ainda.

Resumo

As catástrofes naturais, provocadas pela guerra global, prosseguem. Um terremoto assola a República Tcheca com tamanha violência que as ondas de choque são sentidas do outro lado da fronteira austríaca.

Tema

A PRAGA DE GAFANHOTOS

Data

2082

Data do índice de Nostradamus

82

Número da centúria

3

Freins, Antibol, Villes au tour de Nice,
Seront vastees fer, par mer et par terre
Les sauterelles terre et mer vent propice,
Prins, morts, troussés, pilles sans loy de guerre.

Fréjus, Antibes e as cidades perto de Nice
Serão devastadas por terra e mar
Gafanhotos virão em ventos propícios
Sequestro, morte, estupro, pilhagem, nenhuma lei marcial.

PREDIÇÃO

Mais desastres naturais para esse período apocalíptico de três anos (2080-2082). Se alguém duvida ainda de que as quadras de Nostradamus estão ligadas ao longo das diferentes centúrias onde aparecem, as últimas predições, todas relacionadas a catástrofes naturais e todas ocorrendo em três anos de suas datas do índice nas centúrias 8, 4, 5, 1 e 3, agora irão convencê-lo do contrário. O Mediterrâneo aí está para prová-lo: *tsunamis*, terremotos, mudanças climáticas, tudo isso se combina para criar um novo ambiente, quase uma nova paisagem, risco que as fronteiras marítimas da Europa estão sempre correndo.

Nos poucos versos que aqui temos, conta-se uma história completa de tempestades assustadoras seguidas por uma praga de gafanhotos e o colapso total da lei e da ordem: as pessoas literalmente enlouquecem e só os fortes – ou os fracos – conseguem sobreviver. Não é surpresa nenhuma descobrir que, apenas três anos depois desses acontecimentos, o Estado francês entra num longo período de crise (10/85 – 2085).

RESUMO

As condições climáticas provocam uma praga de gafanhotos, mas em escala sem precedentes. A Riviera francesa é especialmente afetada quando ventos propícios trazem esses insetos do Norte da África.

Tema
TERREMOTO NOS ESTADOS UNIDOS
Data
2083
Data do índice de Nostradamus
83
Número da centúria
9

Sol vingt de taurus si fort terre trembler.
Le grand theatre rempli ruinera,
L'air, ciel et terre obscurcir et troubler
Lors l'infidelle Dieu et sainctz voguera.

Quando o sol estiver em 20º em Touro, um grande terremoto
Destruirá totalmente o Grande Teatro superlotado
Ar, céu e terra ficarão escuros e instáveis
A ponto de mesmo os Infiéis orarem a
Deus e aos santos para guiá-los.

Predição

Os anos de 2080 a 2084, conjugados no índice numa série de quadras notáveis, parecem alguns dos mais desalentadores que a humanidade terá de enfrentar. Terremotos, *tsunamis*, pragas de gafanhotos e mudança climática radical atormentarão o mundo em resultado de nossos próprios atos. Por isso, haverá um retorno em massa à religião organizada (ver 8/80 – 2080: "Mudança climática devida à guerra global").

A próxima posição de Júpiter em Touro, em quadrante com Netuno em Leão, ocorrerá em 2083. A última ocorreu em junho de 1929, poucos meses antes da grande quebra da bolsa de Wall Street, em outubro, que iniciou um período de dez anos de recessão das economias ocidentais, desastrosa principalmente para os Estados Unidos. Aqui, Nostradamus enfatiza a ocorrência de um violento terremoto que destruirá o "Grande Teatro". Poderá esse local ser Wall Street?

Resumo

Partes de Nova York são destruídas por um terremoto. A queda de grandes edifícios cria uma cortina tão densa de fumaça, poeira e destroços que por muito tempo o resgate e os serviços de emergência deixam de funcionar.

Tema

APÓS O ADVENTO DO
TERCEIRO ANTICRISTO

Data

2084

Data do índice de Nostradamus

84

Número da centúria

5

Naistra du gouffre et cité immesuree,
Nay de parents obscure et ténébreux:
Qui la puissance du grand roi reveree,
Voudra destruire par Rouan et Evreux.

✳

Ele nascerá do poço e da cidade imensurável
Fruto de pais tenebrosos e infernais
Que quer que o poder do grande e venerável rei
Seja destruído por Ruão e Evreux.

PREDIÇÃO

Essa pode parecer mais uma quadra do Terceiro Anticristo, com a data provável de 2084: os termos são tão duros e a referência às regiões infernais tão específicas que se é tentado a considerá-los a sequência natural dos desastres preditos nas quadras alusivas aos anos de 2080-2084, prenunciando a série da Crise Francesa iniciada em 2085.

RESUMO

Outra quadra da série infernal que descreve os anos catastróficos de 2080-2084.

Tema
A CRISE FRANCESA – PRELÚDIO I

Data
2085

Data do Índice de Nostradamus
85

Número da Centúria
10

Le vieil tribung au point de la trehemide
Sera pressee captif ne deslivrer,
Le veuil non veuil ne mal parlant timide
Par legitime à ses amys livrer.

O velho demagogo, com a medida de sal oscilando
Será instado a nunca libertar o cativo
O ancião, embora não fraco, não quer ser caluniado
Por meios legais ele o entrega aos amigos.

Predição

A quadra 10/98 -2098: "Crise francesa – I", em meu livro *The Complete Prophecies of Nostradamus*, aborda o significado simbólico de "sal", como conceito da força do Estado, quando o sal é mantido hermeticamente lacrado, e como mau presságio, quando ele é espalhado ou desperdiçado. A presente quadra antecede aquela em exatamente treze anos (treze é um número agourento – por tradição, em Paris, nenhuma casa o tem; foi também o número de participantes da Última Ceia, em que Judas derrubou o saleiro; e aponta para o que talvez tenha sido a causa da crise francesa.

"*Trémie*", em francês antigo, é "funil" ou "medida de sal", encerrando ainda a ideia de "agitar", "tremer", característica das pessoas idosas. *Vieil, veuil* e *veule* significam, respectivamente, "ancião", "quer" e "fraco", palavras que igualmente nos pintam a imagem de um velho líder sem forças, inseguro e muito preocupado com o que se diz dele. A identidade do misterioso "cativo" tem sido muito debatida, mas talvez seja oportuno assinalar que o Terceiro Anticristo, citado em 3/35 – 2035, teria apenas 50 anos na época dessa quadra.

Resumo

A crise que vinha fermentando na França agora se manifesta. O velho líder não sabe o que fazer para combatê-la. Esse é um erro fatal.

Tema

**VINTE ANOS DEPOIS DO
FIM DA GUERRA GLOBAL**

Data

2091

Data do Índice de Nostradamus

91

Número da Centúria

1

*Les dieux feront aux humains apparance,
Ce qu'ils seront auteurs de grand conflict:
Avant ciel veu serein espée et lance,
Que vers main gauche sera plus grand afflit.*

**Parecerá aos homens que os deuses
Foram os autores da grande guerra
Outrora, há muito tempo, o céu estava livre de armas
Mas agora, na mão esquerda, muito dano ainda está por vir.**

PREDIÇÃO

Passaram-se vinte anos desde o fim da guerra global de 2070-2071 (5/70, 9/70, 2/70, 8/70 e 3/71) e os danos emocionais, ecológicos e termonucleares de longo prazo ainda se fazem sentir. O conflito foi tão terrível que, para muitas pessoas, forças sobre-humanas é que devem tê-lo provocado. Elas olham nostalgicamente para um passado tranquilo em que os céus estavam livres de engenhos e armas táticas – em que, presumivelmente, neles só se viam pássaros. Nostradamus ignorava a existência de direita e esquerda em política, mas certamente conhecia, pela leitura de Platão, Plutarco e Aristóteles, que a "esquerda" era o lado dos maus presságios e das ações sinistras: quaisquer sinais vistos sobre o ombro esquerdo eram considerados auspícios particularmente adversos pelos áugures gregos e romanos, que sabidamente estudavam o voo dos pássaros para obter indícios de tendências futuras.

RESUMO

Vinte anos após o fim da guerra global, as grandes potências se reúnem numa conferência a fim de examinar suas implicações para o futuro do planeta. As pessoas lamentam os tempos passados e receiam novo conflito iminente.

Tema

DEGRADAÇÃO ECOLÓGICA

Data

2095

Data do Índice de Nostradamus

95

Número da Centúria

2

Les lieux peuples seront inhabitables:
Pour champs avoir grand division:
Regnes livrés à prudents incapables:
Lors les grands frères mort et dissension.

Terras antes habitadas não se prestarão mais à vida humana
Campos cultiváveis serão divididos
O poder será dado a tolos excessivamente cautelosos
Daí por diante, morte e discórdia para os grandes irmãos.

Predição

Os "grandes irmãos" são *Liberté*, *Égalité* e *Fraternité* (Liberdade, Igualdade e Fraternidade), lema da república francesa revolucionária conhecido historicamente como a Declaração dos Direitos do Homem e do Cidadão. Isso ligaria a quadra à crise francesa de 2098-2101, que Nostradamus prediz numa sequência de quadras (ver meu *The Complete Prophecies of Nostradamus*), exceto pelo fato de os versos aparentemente se referirem a uma crise ecológica e não política. É possível, sem dúvida, que a reforma agrária mencionada no verso dois seja uma das causas da revolta constitucional, mas o alcance global do verso um nos induz a evitar uma leitura por demais restrita. O verso três é contundente e se aplica a quase todos os governos com seus beneficiários, constituindo-se, por direito próprio, numa epígrafe original.

Resumo

A devastação ecológica, resultado da guerra global de 2070, prossegue: vastas regiões do mundo vão se tornando virtualmente inabitáveis. A eficiência da liderança após a crise, no entanto, deixa muito a desejar.

Tema

O ORIENTE MÉDIO

Data

2097

Data do Índice de Nostradamus

97

Número da centúria

3

Nouvelle loy terre neufve occuper
Vers la Syrie, Iudee et Palestine:
Le grand empire barbare corruer,
Avant que Phebés son siecle determine.

Novas leis governarão novas terras
Na Síria, Judeia e Palestina
O grande império bárbaro decairá
Antes de Febo completar seu domínio do século.

Predição

"Febo" é o sol. Na mitologia grega, Apolo tinha esse nome, derivado do verbo que significava "brilhar". Viam-no como a fonte da excelência moral e sua influência era benévola. A implicação, aqui, é que as leis morais e éticas são subvertidas no Oriente Médio, o que me induz a uma referência a 2/85 – 2085: "O futuro de Israel", em meu livro *The Complete Prophecies of Nostradamus*, para uma possível explicação do que ocorreu. O "grande império bárbaro" pode ser Israel, se levarmos em conta o significado da palavra "bárbaro" na Bíblia (e, aqui, estamos falando de terras bíblicas). "Mas, se eu ignorar o sentido da voz, serei bárbaro para aquele a quem falo e o que fala será bárbaro para mim" (I Coríntios, 14:11).

Mas, por uma segunda leitura, identificaríamos o mundo árabe ao império bárbaro, com um lado se recusando a entender e ouvir o outro. E, por uma terceira leitura, teríamos a palavra "bárbaro" em seu sentido literal, latinizado, isto é, "barbudo". Reza a lenda alemã que Carlos V, de coroa e cetro, cercado por todos os seus cavaleiros e vassalos, ainda vive no Wunderberg, no grande pântano perto de Salzburgo, antro das Mulheres Selvagens. Sua barba grisalha deu duas vezes a volta à mesa real; e, quando crescer a ponto de circundá-la três vezes, o Anticristo aparecerá.

Resumo

O Oriente Médio continua instável, e as rígidas posições de ambas as partes começam a apresentar fissuras.

Tema

O GRANDE COMEDIANTE

Data

7073

Data do índice de Nostradamus

73

Número da centúria

10

Le temps present avecques le passé
Sera iugé par grand Iovialiste,
Le monde tard lui sera lasse,
Et desloial par le clergé iuriste.

O tempo presente e o tempo passado
Serão julgados pelo grande comediante
O mundo se cansará dele quando for muito tarde
Tendo desertado seu clero convencional.

Predição

Com data de índice 73 e seu conteúdo apocalíptico, esses versos são claramente uma preparação para a quadra do Fim dos Tempos, de número 10/74 – 7074: "Armagedom/A Última Profecia". O poeta T. S. Eliot certamente pensava nela quando compôs os versos iniciais de Burnt Norton (número 1 dos *Four Quartets*):

> O tempo presente e o tempo passado
> Estão talvez contidos no tempo futuro,
> E o tempo futuro contido no tempo passado.
> Se todo tempo é eternamente presente,
> Todo tempo é irremissível.

A sensacional imagem do "grande comediante" também se aproxima da quadra do Fim dos Tempos, pois os versos um e dois são: "Quando o grande número sete se completar/Jogos começarão do lado do Túmulo".

Aqui, Nostradamus antevê a escalada para o Armagedom como um reflexo da perda de interesse, por parte da humanidade, pela religião "convencional". A clareza de visão, como sempre, vem tarde demais e o "grande comediante" (que, é razoável presumir, deve ser Satã), se aproveita da situação.

Resumo

Os seres humanos esqueceram a religião em favor do prazer e da gratificação imediata. O diabo levou a melhor. Na próxima quadra, Nostradamus imagina Satã dando piruetas em volta do túmulo coletivo da humanidade.

TEMA

**ARMAGEDOM/
A ÚLTIMA PROFECIA**

DATA

7074

DATA DO ÍNDICE DE NOSTRADAMUS

74

NÚMERO DA CENTÚRIA

10

*Au revolu du grand nombre septiesme
Apparoistra au temps ieux d'Hacatombe,
Non esloigné du grand eage milliesme,
Que les entres sortiront de leur tombe.*

**Quando o grande número sete se completar
Jogos começarão do lado do Túmulo
Não longe da passagem do Milênio
Os mortos sairão de seus sepulcros.**

PREDIÇÃO

"Sete" é o número sagrado e equivale simbolicamente a uma extensão qualquer: o começo e o fim de alguma coisa. Assim como há sete etapas na vida humana, sete corpos na alquimia e sete espíritos em Deus, deve ter havido sete grandes eras na existência da terra, já passadas.

O uso que Nostradamus faz da palavra "*jeux*" (jogos) no verso dois é estranho, mas, se nos lembrarmos do conceito grego da jovialidade dos deuses (ver 8/16 – 2016: "Catástrofes ecológicas", em meu livro *The Complete Prophecies of Nostradamus*), a imagem já não é tão surpreendente – ela ecoa também na metáfora do "grande comediante" da quadra anterior (ver 10/73 – 7073: "O Grande Comediante").

A datação final do Armagedom apresenta algumas dificuldades, pois não sabemos se Nostradamus considera o prazo de 7 mil anos a partir da criação do homem ou do nascimento de Jesus Cristo. De qualquer modo, o mundo avança inexoravelmente para o fim e, depois disso, a soma total das realizações humanas não terá importância alguma e sequer será lembrada.

RESUMO

Nós somos os personagens da anedota final. Tudo aquilo que a humanidade julgou imperecível desaparecerá nas brumas do tempo. Somos apenas parte de um todo e, doravante, insignificantes até para nós mesmos. O grande comediante levou a melhor.

RESUMO FINAL

C. G. Jung, em *Answer to Job*, retoma quase ao pé da letra as duas quadras finais de Nostradamus: "O fim do mundo, porém, é precedido pela circunstância de que nem mesmo a vitória de Cristo sobre seu irmão Satã – como a de Abel sobre Caim – foi real e verdadeiramente obtida. É que, antes de isso acontecer, espera-se uma manifestação final e poderosa de Satã". E Jung prossegue: "Mal se poderia supor que a encarnação de Deus em seu filho Jesus Cristo seria aceita pacificamente por Satã. Isso deve ter atiçado sua inveja no mais alto grau, suscitando nele o desejo de imitar Cristo (papel que sabe desempenhar muito bem, como o *antimimon pneuma*) e de encarnar como o Deus da *treva*".

Jung extrai a imagem do *antimimon pneuma* – algo como "espírito falsificado" – do Apócrifo de João III, 36:17. O Apócrifo ou Livro Secreto de João (ver epígrafe no início desta obra) é um texto-chave gnóstico descoberto tardiamente em Nag Hammadi, Egito, em 1945. Nele, a Divindade é concebida como potencialmente dualista, o que condiz à perfeição com o simbolismo do Anticristo e deve, com muita probabilidade, ter influenciado a teoria escatológica posterior.

Nostradamus também era versado na teoria gnóstica e não parece ter tido problemas com o conceito especular de que a treva, por definição, pressupõe a luz e o bem pressupõe o mal. Se levarmos essa visão à sua conclusão lógica, a existência de Deus também pressuporia, por definição, Satã – e a existência de Cristo, nesses mesmos termos, sugeriria um Anticristo igual e contrário.

Então, quais são os elementos constitutivos dos Anticristos de Nostradamus? Temos provas inequívocas da existência de pelo menos dois deles; não seria, pois, razoável extrapolar desses dois para um terceiro?

Para começar, tanto Napoleão quanto Hitler eram transnacionais, ou seja, sua influência e seu desejo de expansão iam além das fronteiras de seus países e visavam ao mundo. Eram transformacionais, quer dizer, seu principal objetivo era manipular e alterar o *status quo*. Eram anticlericais: não toleravam concorrência moral. Eram totalitários: para eles, a democracia era anátema. Estimulavam o culto da personalidade: tudo faziam para substituir Deus na mente das pessoas. Vinham "do povo", a saber, apelavam para o mínimo denominador comum e achavam que não poderiam fazer isso caso fossem vistos como oriundos ou dependentes, para seu poder, da elite ou da aristocracia. Mas ainda assim ambos criaram elites secretas, não raro imitando outras mais antigas e tradicionais, cujo acesso estava sob seu controle – compreendiam que, para dominar adequadamente seus subordinados, teriam de garantir a lealdade deles concedendo-lhes posições lucrativas. Apelaram para velhos modelos de cavalheirismo, esperando se beneficiar de formas de pensamento arquetípicas a fim de reanimar e reutilizar as antigas hierarquias de comando. Subjugaram os militares, nos quais viam o caminho mais fácil para o poder absoluto. Alimentaram ilusões de grandeza: tão logo assumiram o comando, passaram a acreditar em sua própria publicidade, com Napoleão se fazendo coroar imperador e Hitler permitindo que o chamassem de "líder". Ambos se justificavam o tempo todo de modo obsessivo, mostrando-se visceralmente incapazes de aceitar que pudessem cometer qualquer erro.

Enfim, os dois eram homens pequenos – não digo isso pejorativamente, mas apenas no sentido da estatura –, mas possuíam egos enormes. Deviam sofrer, um e outro, de alguma doença psicossomática. Eram aparentemente maníaco-depressivos e talvez hajam contraído sífilis a certa altura da vida. Mostravam-se obcecados por numerologia, ocultismo e a crença de que o conhecimento secreto, esotérico, conferia a seu possuidor um poder sem limites. Os dois amavam as roupas, os uniformes, a ostentação. Os dois tinham amantes. Estrangeiros, preocupavam-se, o que talvez fosse inevitável, com a identidade cultural e com a inserção. Tentaram estimular as artes protegendo os movimentos que lhes convinham e condenando (ou pondo fora da lei) os que não se harmonizavam com sua visão de mundo.

Esse é um quadro extraordinário, que com quase certeza prediz o caráter de "Aquele Que Ainda Está Por Vir".

Daremos a última palavra a Jung. Como ele diz em *Aion*, tais homens são feitos de "um falso espírito de arrogância, histeria, ideias confusas, amoralidade criminosa e fanatismo doutrinário... disseminam bens espirituais reles, arte espúria, filosofia precária e utopias fraudulentas, boas apenas para o consumo de massa da ralé contemporânea. É assim o espírito pós-cristão (ou seja, *anticristão*)".

BIBLIOGRAFIA SELECIONADA

ANDERSON, Sir Robert, *The Coming Prince: The Marvellous Prophecy of Daniel's Seventy Weeks Concerning the Antichrist.* Londres, 1881 – reimpresso em Cosimo Classics, 2007.

BUNYAN, John, *Of Antichrist and His Ruin.* Londres, 1692.

CRUDEN, Alexander, *A Complete Concordance to the Old and New Testament or a Dictionary and Alphabetical Index to the Bible.* Frederick Warne and Co., Ltd., Londres e Nova York, 1737-69.

EMMERSON, Richard Kenneth, *Antichrist in the Middle Ages: A Study of Medieval Apocalypticism, Art, and Literature.* University of Washington Press, 1981.

FULLER, Robert, *Naming the Antichrist: The History of an American Obsession.* Oxford University Press USA, 1996.

HILL, Christopher, *Antichrist in Seventeenth-Century England.* Oxford University Press, 1971.

ISTRIN, V., *The Apocalypse of Methodius of Patara and the Apocryphal Visions of Daniel in Byzantine and Slavo-Russian Literature.* Moscou, 1897.

JUNG, C. G., *Answer to Job.* Routledge & Kegan Paul, Londres, 1954. *Aion.* Routledge & Kegan Paul, Londres, 1959.

LAKE, Peter (com Michael Questier), *The Antichrist's Lewd Hat.* Yale University Press, 2002.

LOREIN, G. W., *The Antichrist Theme in the Intertestamental Period*. T & T Clark, 2004.

McGINN, Bernard, *Visions of the End*. Columbia University Press, 1998. *Antichrist*. Columbia University Press, 2000.

NIETZSCHE, Friedrich, *The Antichrist*. Trad. por H. L. Mencken. 1895

PINK, Arthur, *The Antichrist: A Systematic Study of Satan's Counterfeit Christ*. Bible Truth Depot, Pennsylvania, 1923.

PREUSS, H., *Die Vorstellungen vom Antichrist im späteren Mittelalter, bei Luther u. i. d. Konfessionellen Polemik*. Leipzig, 1906.

PROPHET, Elizabeth Clare, *The Path of Christ or Antichrist*. Summit University Press, 2007.

RICHARDSON, Joel, *Antichrist: Islam's Awaited Messiah*. WinePress, 2006.

RIDDLEBARGER, Kim, *The Man of Sin: Uncovering the Truth about the Antichrist*. Baker Books, 2006.

RUSSELL, Jeffrey Burton, *The Prince of Darkness: Radical Evil and the Power of Good in History*. Cornell University Press, 1992.

SCHÜTZ, Paul, *Der Antichristus*. 1933, Gesammelte Werke/Collected Works, 1963.

SCHÜTZE, Alfred, *The Enigma of Evil*. Floris Books, 1978.

THOMPSON, Damian, *Waiting for Antichrist: Charisma and Apocalypse in a Pentecostal Church*. Oxford University Press USA, 2005.

UPTON, Charles, *The System of Antichrist: Truth and Falsehood in Postmodernism and the New Age*. Harper Collins, 2005.

WADSTEIN, E., *Die eschatologische Ideengruppe, Antichrist, Weltsabbat, Weltende und Welgericht*. Leipzig, 1896.

WILLIAMS, Stephen N., *The Shadow of the Antichrist* [Nietzsche's Critique of Christianity]. Baker Academic, 2006.